TRANZLATY

Language is for everyone

Taal is voor iedereen

The Call of the Wild

Als de natuur roept

Jack London

English / Nederlands

Into the Primitive
In het primitieve

Buck did not read the newspapers.

Buck las de kranten niet.

Had he read the newspapers he would have known trouble was brewing.

Als hij de kranten had gelezen, had hij geweten dat er problemen op komst waren.

There was trouble not alone for himself, but for every tidewater dog.

Niet alleen hijzelf had het moeilijk, maar alle andere honden in het water.

Every dog strong of muscle and with warm, long hair was going to be in trouble.

Elke hond met sterke spieren en warm, lang haar zou in de problemen komen.

From Puget Bay to San Diego no dog could escape what was coming.

Van Puget Bay tot San Diego kon geen enkele hond ontsnappen aan wat hem te wachten stond.

Men, groping in the Arctic darkness, had found a yellow metal.

Mannen, die door de duisternis van de Arctische zee tastten, vonden een geel metaal.

Steamship and transportation companies were chasing the discovery.

Stoomboot- en transportbedrijven waren op zoek naar de ontdekking.

Thousands of men were rushing into the Northland.

Duizenden mannen haastten zich naar het Noordland.

These men wanted dogs, and the dogs they wanted were heavy dogs.

Deze mannen wilden honden, en de honden die ze wilden, waren zware honden.

Dogs with strong muscles by which to toil.

Honden met sterke spieren waarmee ze kunnen werken.

Dogs with furry coats to protect them from the frost.
Honden met een harige vacht om zich te beschermen tegen de vorst.

Buck lived at a big house in the sun-kissed Santa Clara Valley.
Buck woonde in een groot huis in de zonnige Santa Clara-vallei.

Judge Miller's place, his house was called.
Rechter Miller's Place, zo heette zijn huis.

His house stood back from the road, half hidden among the trees.
Zijn huis stond een stukje van de weg af, half verborgen tussen de bomen.

One could get glimpses of the wide veranda running around the house.
Je kon een glimp opvangen van de brede veranda die rondom het huis liep.

The house was approached by graveled driveways.
Het huis was bereikbaar via een oprit met grind.

The paths wound about through wide-spreading lawns.
De paden kronkelden door uitgestrekte gazons.

Overhead were the interlacing boughs of tall poplars.
Boven ons hoofd hingen de takken van hoge populieren ineengestrengelde takken.

At the rear of the house things were on even more spacious.
Aan de achterzijde van het huis was het nog ruimer.

There were great stables, where a dozen grooms were chatting
Er waren grote stallen, waar een tiental stalknechten stonden te kletsen

There were rows of vine-clad servants' cottages
Er waren rijen met wijnranken begroeide huisjes voor bedienden

And there was an endless and orderly array of outhouses
En er was een eindeloze en ordelijke reeks buitentoiletten

Long grape arbors, green pastures, orchards, and berry patches.

Lange druivenranken, groene weiden, boomgaarden en bessenvelden.

Then there was the pumping plant for the artesian well.

Dan was er nog de pompinstallatie voor de artesische put.

And there was the big cement tank filled with water.

En daar stond de grote cementtank, gevuld met water.

Here Judge Miller's boys took their morning plunge.

Hier waagden de jongens van rechter Miller hun ochtendduik.

And they cooled down there in the hot afternoon too.

En ook daar koelden ze af in de hete namiddag.

And over this great domain, Buck was the one who ruled all of it.

En Buck was degene die over dit grote domein heerste.

Buck was born on this land and lived here all his four years.

Buck werd op dit land geboren en woonde hier al zijn vier levensjaren.

There were indeed other dogs, but they did not truly matter.

Er waren weliswaar nog andere honden, maar die waren niet wezenlijk van belang.

Other dogs were expected in a place as vast as this one.

Op zo'n uitgestrekte plek als deze werden andere honden verwacht.

These dogs came and went, or lived inside the busy kennels.

Deze honden kwamen en gingen, of leefden in de drukke kennels.

Some dogs lived hidden in the house, like Toots and Ysabel did.

Sommige honden leefden verborgen in het huis, zoals Toots en Ysabel.

Toots was a Japanese pug, Ysabel a Mexican hairless dog.

Toots was een Japanse mopshond, Ysabel een Mexicaanse naakthond.

These strange creatures rarely stepped outside the house.

Deze vreemde wezens kwamen zelden buiten het huis.

They did not touch the ground, nor sniff the open air outside.

Ze raakten de grond niet aan en snuffelden ook niet in de buitenlucht.

There were also the fox terriers, at least twenty in number.

En dan waren er ook nog foxterriërs, zeker twintig in aantal.

These terriers barked fiercely at Toots and Ysabel indoors.

Deze terriërs blaften fel naar Toots en Ysabel binnenshuis.

Toots and Ysabel stayed behind windows, safe from harm.

Toots en Ysabel bleven achter de ramen, veilig voor gevaar.

They were guarded by housemaids with brooms and mops.

Ze werden bewaakt door dienstmeisjes met bezems en dweilen.

But Buck was no house-dog, and he was no kennel-dog either.

Maar Buck was geen huishond, maar ook geen kennelhond.

The entire property belonged to Buck as his rightful realm.

Het gehele landgoed behoorde Buck toe, zijn rechtmatige domein.

Buck swam in the tank or went hunting with the Judge's sons.

Buck zwom in het aquarium of ging jagen met de zonen van de rechter.

He walked with Mollie and Alice in the early or late hours.

Hij liep met Mollie en Alice in de vroege en late uren.

On cold nights he lay before the library fire with the Judge.

In koude nachten lag hij met de rechter voor de open haard in de bibliotheek.

Buck gave rides to the Judge's grandsons on his strong back.

Buck reed op zijn sterke rug rond met de kleinzonen van de rechter.

He rolled in the grass with the boys, guarding them closely.

Hij rolde met de jongens door het gras en hield hen nauwlettend in de gaten.

They ventured to the fountain and even past the berry fields.

Ze waagden zich tot aan de fontein en zelfs voorbij de bessenvelden.

Among the fox terriers, Buck walked with royal pride always.

Tussen de foxterriërs liep Buck altijd met koninklijke trots rond.

He ignored Toots and Ysabel, treating them like they were air.

Hij negeerde Toots en Ysabel en behandelde hen alsof ze lucht waren.

Buck ruled over all living creatures on Judge Miller's land.

Buck heerste over alle levende wezens op het land van rechter Miller.

He ruled over animals, insects, birds, and even humans.

Hij heerste over dieren, insecten, vogels en zelfs mensen.

Buck's father Elmo had been a huge and loyal St. Bernard.

Bucks vader Elmo was een grote en trouwe Sint-Bernard.

Elmo never left the Judge's side, and served him faithfully.

Elmo verliet de rechter nooit en diende hem trouw.

Buck seemed ready to follow his father's noble example.

Buck leek bereid het nobele voorbeeld van zijn vader te volgen.

Buck was not quite as large, weighing one hundred and forty pounds.

Buck was niet zo groot, hij woog honderdveertig kilo.

His mother, Shep, had been a fine Scotch shepherd dog.

Zijn moeder, Shep, was een prachtige Schotse herdershond.

But even at that weight, Buck walked with regal presence.

Maar zelfs met dat gewicht liep Buck met een koninklijke uitstraling.

This came from good food and the respect he always received.

Dat kwam door het goede eten en het respect dat hij altijd kreeg.

For four years, Buck had lived like a spoiled nobleman.

Vier jaar lang leefde Buck als een verwende edelman.

He was proud of himself, and even slightly egotistical.

Hij was trots op zichzelf, en zelfs een beetje egoïstisch.

That kind of pride was common in remote country lords.

Dat soort trots was normaal bij landheren in afgelegen gebieden.

But Buck saved himself from becoming pampered house-dog.

Maar Buck redde zichzelf ervan een verwende huishond te worden.

He stayed lean and strong through hunting and exercise.

Door te jagen en te bewegen bleef hij slank en sterk.

He loved water deeply, like people who bathe in cold lakes.

Hij hield erg van water, net als mensen die in koude meren baden.

This love for water kept Buck strong, and very healthy.

Zijn liefde voor water hield Buck sterk en gezond.

This was the dog Buck had become in the fall of 1897.

Dit was de hond die Buck in de herfst van 1897 was geworden.

When the Klondike strike pulled men to the frozen North.

Toen de Klondike-aanval plaatsvond, werden de mannen naar het bevroren Noorden getrokken.

People rushed from all over the world into the cold land.

Mensen stroomden van over de hele wereld naar het koude land.

Buck, however, did not read the papers, nor understand news.

Buck las echter geen kranten en begreep het nieuws niet.

He did not know Manuel was a bad man to be around.

Hij wist niet dat Manuel een slecht mens was.

Manuel, who helped in the garden, had a deep problem.

Manuel, die in de tuin hielp, had een groot probleem.

Manuel was addicted to gambling in the Chinese lottery.

Manuel was verslaafd aan gokken in de Chinese loterij.

He also believed strongly in a fixed system for winning.

Hij geloofde ook sterk in een vast systeem om te winnen.

That belief made his failure certain and unavoidable.

Die overtuiging maakte zijn mislukking zeker en onvermijdelijk.

Playing a system demands money, which Manuel lacked.

Om volgens een systeem te kunnen spelen heb je geld nodig, en dat had Manuel niet.

His pay barely supported his wife and many children.
Met zijn salaris kon hij nauwelijks zijn vrouw en vele kinderen onderhouden.

On the night Manuel betrayed Buck, things were normal.
De nacht dat Manuel Buck verraadde, was alles normaal.

The Judge was at a Raisin Growers' Association meeting.
De rechter was aanwezig bij een bijeenkomst van de vereniging van rozijnenkwekers.

The Judge's sons were busy forming an athletic club then.
De zonen van de rechter waren toen druk bezig met het oprichten van een sportclub.

No one saw Manuel and Buck leaving through the orchard.
Niemand heeft Manuel en Buck door de boomgaard zien vertrekken.

Buck thought this walk was just a simple nighttime stroll.
Buck dacht dat deze wandeling gewoon een avondwandeling was.

They met only one man at the flag station, in College Park.
Ze ontmoetten slechts één man bij het vlaggenstation in College Park.

That man spoke to Manuel, and they exchanged money.
Die man sprak met Manuel en ze wisselden geld uit.

"Wrap up the goods before you deliver them," he suggested.
"Verpak de goederen voordat u ze aflevert," stelde hij voor.

The man's voice was rough and impatient as he spoke.
De stem van de man was schor en ongeduldig toen hij sprak.

Manuel carefully tied a thick rope around Buck's neck.
Manuel bond zorgvuldig een dik touw om Bucks nek.

"Twist the rope, and you'll choke him plenty"
"Draai het touw, en je zult hem flink wurgen"

The stranger gave a grunt, showing he understood well.
De vreemdeling gromde, wat aantoonde dat hij het goed begreep.

Buck accepted the rope with calm and quiet dignity that day.

Buck aanvaardde het touw die dag met kalme en stille waardigheid.

It was an unusual act, but Buck trusted the men he knew.

Het was een ongebruikelijke daad, maar Buck vertrouwde de mannen die hij kende.

He believed their wisdom went far beyond his own thinking.

Hij geloofde dat hun wijsheid veel verder ging dan zijn eigen denken.

But then the rope was handed to the hands of the stranger.

Maar toen werd het touw in de handen van de vreemdeling gegeven.

Buck gave a low growl that warned with quiet menace.

Buck gromde zachtjes en gaf een waarschuwende, maar toch stille dreiging.

He was proud and commanding, and meant to show his displeasure.

Hij was trots en dominant, en wilde hiermee zijn ongenoegen laten blijken.

Buck believed his warning would be understood as an order.

Buck ging ervan uit dat zijn waarschuwing als een bevel zou worden opgevat.

To his shock, the rope tightened fast around his thick neck.

Tot zijn schrik werd het touw strakker om zijn dikke nek getrokken.

His air was cut off and he began to fight in a sudden rage.

Zijn adem werd afgesneden en hij begon in woede te vechten.

He sprang at the man, who quickly met Buck in mid-air.

Hij sprong op de man af, die Buck snel in de lucht tegemoet sprong.

The man grabbed Buck's throat and skillfully twisted him in the air.

De man greep Buck bij de keel en draaide hem behendig in de lucht.

Buck was thrown down hard, landing flat on his back.

Buck werd hard neergeworpen en landde plat op zijn rug.

The rope now choked him cruelly while he kicked wildly.

Het touw wurgde hem nu op een wrede manier, terwijl hij wild schopte.

His tongue fell out, his chest heaved, but gained no breath.

Zijn tong viel uit, zijn borstkas ging op en neer, maar hij kreeg geen adem.

He had never been treated with such violence in his life.

Nog nooit in zijn leven was hij met zoveel geweld behandeld.

He had also never been filled with such deep fury before.

Nog nooit was hij zo woedend geweest.

But Buck's power faded, and his eyes turned glassy.

Maar Bucks kracht verdween en zijn ogen werden glazig.

He passed out just as a train was flagged down nearby.

Hij viel flauw op het moment dat er vlakbij een trein stopte.

Then the two men tossed him into the baggage car quickly.

Toen gooiden de twee mannen hem snel in de bagagewagen.

The next thing Buck felt was pain in his swollen tongue.

Het volgende wat Buck voelde was pijn in zijn gezwollen tong.

He was moving in a shaking cart, only dimly conscious.

Hij reed rond in een schuddende kar en was slechts vaag bij bewustzijn.

The sharp scream of a train whistle told Buck his location.

Het scherpe gefluit van een trein vertelde Buck waar hij was.

He had often ridden with the Judge and knew the feeling.

Hij had vaak met de rechter gereden en kende het gevoel.

It was the unique jolt of traveling in a baggage car again.

Het was de unieke schok van het weer reizen in een bagagewagen.

Buck opened his eyes, and his gaze burned with rage.

Buck opende zijn ogen en zijn blik brandde van woede.

This was the anger of a proud king taken from his throne.

Dit was de woede van een trotse koning die van zijn troon was gestoten.

A man reached to grab him, but Buck struck first instead.

Een man probeerde hem te grijpen, maar Buck sloeg als eerste toe.

He sank his teeth into the man's hand and held tightly.

Hij zette zijn tanden in de hand van de man en hield die stevig vast.

He did not let go until he blacked out a second time.

Hij liet pas los toen hij voor de tweede keer bewusteloos raakte.

"Yep, has fits," the man muttered to the baggageman.

"Ja, hij heeft aanvallen," mompelde de man tegen de bagagebeambte.

The baggageman had heard the struggle and come near.

De bagagebezorger hoorde het gevecht en kwam dichterbij.

"I'm taking him to 'Frisco for the boss," the man explained.

"Ik neem hem mee naar Frisco voor de baas," legde de man uit.

"There's a fine dog-doctor there who says he can cure them."

"Daar is een goede hondendokter die zegt dat hij ze kan genezen."

Later that night the man gave his own full account.

Later die avond gaf de man zijn eigen volledige verhaal.

He spoke from a shed behind a saloon on the docks.

Hij sprak vanuit een schuur achter een bar op de kade.

"All I was given was fifty dollars," he complained to the saloon man.

"Ik kreeg maar vijftig dollar", klaagde hij tegen de barman.

"I wouldn't do it again, not even for a thousand in cold cash."

"Ik zou het niet nog een keer doen, zelfs niet voor duizend dollar."

His right hand was tightly wrapped in a bloody cloth.

Zijn rechterhand was strak omwikkeld met een bebloede doek.

His trouser leg was torn wide open from knee to foot.

Zijn broekspijp was van knie tot voet wijd open gescheurd.

"How much did the other mug get paid?" asked the saloon man.

"Hoeveel heeft die andere kerel betaald gekregen?" vroeg de barman.

"A hundred," the man replied, "he wouldn't take a cent less."

"Honderd," antwoordde de man, "hij nam geen cent minder."

"That comes to a hundred and fifty," the saloon man said.

"Dat is honderdvijftig", zei de barman.

"And he's worth it all, or I'm no better than a blockhead."

"En hij is het allemaal waard, anders ben ik niet beter dan een domkop."

The man opened the wrappings to examine his hand.

De man opende de verpakking om zijn hand te onderzoeken.

The hand was badly torn and crusted in dried blood.

De hand was ernstig gescheurd en zat vol met opgedroogd bloed.

"If I don't get the hydrophobia…" he began to say.

"Als ik geen hondsdolheid krijg...", begon hij te zeggen.

"It'll be because you were born to hang," came a laugh.

"Dat komt omdat je geboren bent om te hangen", klonk het lachend.

"Come help me out before you get going," he was asked.

"Kom me even helpen voordat je weggaat," werd hem gevraagd.

Buck was in a daze from the pain in his tongue and throat.

Buck was verdoofd door de pijn in zijn tong en keel.

He was half-strangled, and could barely stand upright.

Hij was half gewurgd en kon nauwelijks rechtop staan.

Still, Buck tried to face the men who had hurt him so.

Toch probeerde Buck de mannen die hem zoveel pijn hadden gedaan, onder ogen te komen.

But they threw him down and choked him once again.

Maar ze gooiden hem opnieuw op de grond en wurgden hem.

Only then could they saw off his heavy brass collar.

Pas toen konden ze zijn zware koperen kraag afzagen.

They removed the rope and shoved him into a crate.

Ze haalden het touw eraf en duwden hem in een krat.

The crate was small and shaped like a rough iron cage.

De kist was klein en had de vorm van een ruwe ijzeren kooi.

Buck lay there all night, filled with wrath and wounded pride.
Buck lag daar de hele nacht, vervuld van woede en gekwetste trots.

He could not begin to understand what was happening to him.
Hij kon zich niet voorstellen wat er met hem gebeurde.

Why were these strange men keeping him in this small crate?
Waarom hielden deze vreemde mannen hem in dit kleine kratje?

What did they want with him, and why this cruel captivity?
Wat wilden ze met hem, en waarom deze wrede gevangenschap?

He felt a dark pressure; a sense of disaster drawing closer.
Hij voelde een donkere druk, het idee dat de ramp dichterbij kwam.

It was a vague fear, but it settled heavily on his spirit.
Het was een vage angst, maar die maakte een diepe indruk op hem.

Several times he jumped up when the shed door rattled.
Hij sprong meerdere malen op als de schuurdeur rammelde.

He expected the Judge or the boys to appear and rescue him.
Hij verwachtte dat de rechter of de jongens zouden verschijnen en hem zouden redden.

But only the saloon-keeper's fat face peeked inside each time.
Maar alleen het dikke gezicht van de kroegeigenaar was elke keer te zien.

The man's face was lit by the dim glow of a tallow candle.
Het gezicht van de man werd verlicht door het zwakke schijnsel van een kaars.

Each time, Buck's joyful bark changed to a low, angry growl.
Elke keer veranderde Bucks vrolijke geblaf in een laag, boos gegrom.

The saloon-keeper left him alone for the night in the crate

De salooneigenaar liet hem de nacht alleen in de krat achter

But when he awoke in the morning more men were coming.
Maar toen hij de volgende ochtend wakker werd, kwamen er
nog meer mannen.

Four men came and gingerly picked up the crate without a word.
Vier mannen kwamen en pakten voorzichtig de kist op,
zonder een woord te zeggen.

Buck knew at once the situation he found himself in.
Buck wist meteen in welke situatie hij zich bevond.

They were further tormentors that he had to fight and fear.
Zij waren nog meer kwellers waar hij tegen moest vechten en
bang voor moest zijn.

These men looked wicked, ragged, and very badly groomed.
Deze mannen zagen er slecht, onverzorgd en armoedig uit.

Buck snarled and lunged at them fiercely through the bars.
Buck gromde en sprong woest door de tralies heen op hen af.

They just laughed and jabbed at him with long wooden sticks.
Ze lachten hem alleen maar uit en prikten met lange houten
stokken.

Buck bit at the sticks, then realized that was what they liked.
Buck beet in de stokjes en besefte toen dat ze dat juist leuk
vonden.

So he lay down quietly, sullen and burning with quiet rage.
Hij ging dus rustig liggen, somber en brandend van stille
woede.

They lifted the crate into a wagon and drove away with him.
Ze tilden de kist in een wagen en reden met hem weg.

The crate, with Buck locked inside, changed hands often.
De kist, met Buck erin opgesloten, wisselde vaak van eigenaar.

Express office clerks took charge and handled him briefly.
Het kantoorpersoneel van Express nam de leiding en hield
hem kort onder controle.

Then another wagon carried Buck across the noisy town.
Vervolgens reed er een andere wagen met Buck door het
lawaaiige stadje.

A truck took him with boxes and parcels onto a ferry boat.
Een vrachtwagen bracht hem met dozen en pakketten naar
een veerboot.
After crossing, the truck unloaded him at a rail depot.
Nadat hij de grens was overgestoken, werd hij door de
vrachtwagen afgezet bij een treinstation.
At last, Buck was placed inside a waiting express car.
Uiteindelijk werd Buck in een gereedstaande sneltreinwagon
gezet.
For two days and nights, trains pulled the express car away.
Twee dagen en nachten lang reden er treinen rond de
sneltreinen die de wagons wegtrokken.
**Buck neither ate nor drank during the whole painful
journey.**
Buck at noch dronk gedurende de hele pijnlijke reis.
**When the express messengers tried to approach him, he
growled.**
Toen de koeriers hem naderden, gromde hij.
They responded by mocking him and teasing him cruelly.
Ze reageerden door hem te bespotten en wreed te plagen.
Buck threw himself at the bars, foaming and shaking
Buck wierp zich schuimbekkend en trillend op de tralies
**they laughed loudly, and taunted him like schoolyard
bullies.**
Ze lachten luid en bespotten hem alsof het pestkoppen op het
schoolplein waren.
They barked like fake dogs and flapped their arms.
Ze blaften als nep-honden en sloegen met hun armen.
They even crowed like roosters just to upset him more.
Ze kraaiden zelfs als hanen, alleen maar om hem nog meer
van streek te maken.
It was foolish behavior, and Buck knew it was ridiculous.
Het was dwaas gedrag, en Buck wist dat het belachelijk was.
But that only deepened his sense of outrage and shame.
Maar dat maakte zijn gevoelens van verontwaardiging en
schaamte alleen maar groter.
He was not bothered much by hunger during the trip.

Tijdens de reis had hij niet veel last van honger.

But thirst brought sharp pain and unbearable suffering.

Maar dorst veroorzaakte hevige pijn en ondraaglijk lijden.

His dry, inflamed throat and tongue burned with heat.

Zijn droge, ontstoken keel en tong brandden van de hitte.

This pain fed the fever rising within his proud body.

Deze pijn versterkte de koorts in zijn trotse lichaam.

Buck was thankful for one single thing during this trial.

Buck was dankbaar voor één ding tijdens deze rechtszaak.

The rope had been removed from around his thick neck.

Het touw was van zijn dikke nek verwijderd.

The rope had given those men an unfair and cruel advantage.

Het touw had die mannen een oneerlijk en wreed voordeel gegeven.

Now the rope was gone, and Buck swore it would never return.

Nu was het touw weg en Buck zwoer dat het nooit meer terug zou komen.

He resolved no rope would ever go around his neck again.

Hij besloot dat er nooit meer een touw om zijn nek zou komen.

For two long days and nights, he suffered without food.

Twee lange dagen en nachten leed hij zonder eten.

And in those hours, he built up an enormous rage inside.

En in die uren ontwikkelde zich bij hem een enorme woede.

His eyes turned bloodshot and wild from constant anger.

Zijn ogen werden bloeddoorlopen en wild van de voortdurende woede.

He was no longer Buck, but a demon with snapping jaws.

Hij was niet langer Buck, maar een demon met klappende kaken.

Even the Judge would not have known this mad creature.

Zelfs de rechter herkende dit gekke wezen niet.

The express messengers sighed in relief when they reached Seattle

De koeriers slaakten een zucht van verlichting toen ze Seattle bereikten

Four men lifted the crate and brought it to a back yard.

Vier mannen tilden de kist op en brachten hem naar een achtertuin.

The yard was small, surrounded by high and solid walls.

De tuin was klein en omgeven door hoge, stevige muren.

A big man stepped out in a sagging red sweater shirt.

Een grote man stapte naar buiten in een afzakkende rode trui.

He signed the delivery book with a thick and bold hand.

Hij ondertekende het leveringsboek met een dikke, vette hand.

Buck sensed at once that this man was his next tormentor.

Buck had meteen het gevoel dat deze man zijn volgende kwelgeest was.

He lunged violently at the bars, eyes red with fury.

Hij sprong met geweld op de tralies af, zijn ogen rood van woede.

The man just smiled darkly and went to fetch a hatchet.

De man glimlachte slechts duister en ging een bijl halen.

He also brought a club in his thick and strong right hand.

Hij had ook een knuppel in zijn dikke en sterke rechterhand.

"You going to take him out now?" the driver asked, concerned.

"Ga je hem nu meenemen?" vroeg de chauffeur bezorgd.

"Sure," said the man, jamming the hatchet into the crate as a lever.

'Tuurlijk,' zei de man, terwijl hij de bijl in de kist duwde als hefboom.

The four men scattered instantly, jumping up onto the yard wall.

De vier mannen gingen er meteen vandoor en sprongen op de tuinmuur.

From their safe spots above, they waited to watch the spectacle.

Vanaf hun veilige plekjes wachtten ze om het schouwspel te aanschouwen.

Buck lunged at the splintered wood, biting and shaking fiercely.

Buck sprong naar het gespleten hout, beet erin en trilde hevig.

Each time the hatchet hit the cage), Buck was there to attack it.

Elke keer dat de bijl de kooi raakte, was Buck er om hem aan te vallen.

He growled and snapped with wild rage, eager to be set free.

Hij gromde en snoof van woede, hij wilde dolgraag bevrijd worden.

The man outside was calm and steady, intent on his task.

De man buiten was kalm en standvastig, geconcentreerd op zijn taak.

"Right then, you red-eyed devil," he said when the hole was large.

"Goed dan, duivel met de rode ogen," zei hij toen het gat groot was.

He dropped the hatchet and took the club in his right hand.

Hij liet de strijdbijl vallen en nam de knuppel in zijn rechterhand.

Buck truly looked like a devil; eyes bloodshot and blazing.

Buck zag er echt uit als een duivel; zijn ogen waren bloeddoorlopen en vlammend.

His coat bristled, foam frothed at his mouth, eyes glinting.

Zijn vacht stond overeind, er stond schuim op zijn mond en zijn ogen glinsterden.

He bunched his muscles and sprang straight at the red sweater.

Hij spande zijn spieren aan en sprong meteen op de rode trui af.

One hundred and forty pounds of fury flew at the calm man.

Honderdveertig kilo woede vloog op de kalme man af.

Just before his jaws clamped shut, a terrible blow struck him.

Net voordat zijn kaken op elkaar zouden klemmen, kreeg hij een verschrikkelijke klap.

His teeth snapped together on nothing but air

Zijn tanden klappen op elkaar, alleen op lucht

a jolt of pain reverberated through his body

een pijnscheut galmde door zijn lichaam

He flipped midair and crashed down on his back and side.

Hij draaide zich in de lucht om en kwam op zijn rug en zij terecht.

He had never before felt a club's blow and could not grasp it.

Hij had nog nooit eerder de klap van een knuppel gevoeld en kon hem niet vasthouden.

With a shrieking snarl, part bark, part scream, he leaped again.

Met een krijsend gegrom, deels geblaf, deels geschreeuw, sprong hij opnieuw.

Another brutal strike hit him and hurled him to the ground.

Hij kreeg nog een harde klap en werd op de grond geslingerd.

This time Buck understood—it was the man's heavy club.

Deze keer begreep Buck het: het was de zware knots van de man.

But rage blinded him, and he had no thought of retreat.

Maar woede verblindde hem en hij dacht er niet aan om zich terug te trekken.

Twelve times he launched himself, and twelve times he fell.

Twaalf keer wierp hij zich, en twaalf keer viel hij.

The wooden club smashed him each time with ruthless, crushing force.

De houten knuppel sloeg hem telkens met meedogenloze, verpletterende kracht neer.

After one fierce blow, he staggered to his feet, dazed and slow.

Na een harde klap kwam hij wankelend en traag overeind.

Blood ran from his mouth, his nose, and even his ears.

Er stroomde bloed uit zijn mond, zijn neus en zelfs uit zijn oren.

His once-beautiful coat was smeared with bloody foam.

Zijn ooit zo mooie vacht zat onder het bloederige schuim.

Then the man stepped up and struck a wicked blow to the nose.

Toen stapte de man op en gaf hem een harde klap op zijn neus.

The agony was sharper than anything Buck had ever felt.

De pijn was heviger dan alles wat Buck ooit had gevoeld.

With a roar more beast than dog, he leaped again to attack.

Met een brul die meer op die van een dier dan op die van een hond leek, sprong hij opnieuw in de aanval.

But the man caught his lower jaw and twisted it backward.

Maar de man greep zijn onderkaak vast en draaide deze naar achteren.

Buck flipped head over heels, crashing down hard again.

Buck draaide zich om en kwam met een harde klap weer op de grond terecht.

One final time, Buck charged at him, now barely able to stand.

Buck stormde nog een laatste keer op hem af; hij kon nu nauwelijks nog op zijn benen staan.

The man struck with expert timing, delivering the final blow.

De man sloeg met een perfect moment toe en gaf hem de genadeslag.

Buck collapsed in a heap, unconscious and unmoving.

Buck zakte bewusteloos en bewegingloos in elkaar.

"He's no slouch at dog-breaking, that's what I say," a man yelled.

"Hij is niet slecht in het temmen van honden, dat zeg ik tenminste", schreeuwde een man.

"Druther can break the will of a hound any day of the week."

"Druther kan elke dag van de week de wil van een hond breken."

"And twice on a Sunday!" added the driver.

"En twee keer op zondag!" voegde de chauffeur toe.

He climbed into the wagon and cracked the reins to leave.

Hij klom in de wagen en trok aan de teugels om te vertrekken.

Buck slowly regained control of his consciousness

Buck kreeg langzaam de controle over zijn bewustzijn terug

but his body was still too weak and broken to move.

maar zijn lichaam was nog steeds te zwak en gebroken om te bewegen.

He lay where he had fallen, watching the red-sweatered man.

Hij bleef liggen waar hij was gevallen en keek naar de man met de rode trui.

"He answers to the name of Buck," the man said, reading aloud.

"Hij luistert naar de naam Buck", zei de man terwijl hij hardop las.

He quoted from the note sent with Buck's crate and details.

Hij citeerde uit de brief die bij Bucks krat en details zat.

"Well, Buck, my boy," the man continued with a friendly tone,

"Nou, Buck, mijn jongen," vervolgde de man met een vriendelijke toon,

"we've had our little fight, and now it's over between us."

"We hebben een klein ruzietje gehad, en nu is het tussen ons voorbij."

"You've learned your place, and I've learned mine," he added.

"Jij hebt jouw plaats geleerd, en ik heb de mijne geleerd," voegde hij toe.

"Be good, and all will go well, and life will be pleasant."

"Wees goed, dan zal alles goed gaan, en het leven zal aangenaam zijn."

"But be bad, and I'll beat the stuffing out of you, understand?"

"Maar wees stout, dan sla ik je helemaal in elkaar, begrepen?"

As he spoke, he reached out and patted Buck's sore head.

Terwijl hij sprak, strekte hij zijn hand uit en klopte op Bucks pijnlijke hoofd.

Buck's hair rose at the man's touch, but he didn't resist.

Bucks haar ging overeind staan toen de man hem aanraakte, maar hij verzette zich niet.

The man brought him water, which Buck drank in great gulps.

De man bracht hem water, dat Buck in grote slokken opdronk.

Then came raw meat, which Buck devoured chunk by chunk.

Daarna kwam het rauwe vlees, dat Buck stukje voor stukje opat.

He knew he was beaten, but he also knew he wasn't broken.

Hij wist dat hij verslagen was, maar hij wist ook dat hij niet gebroken was.

He had no chance against a man armed with a club.

Hij had geen schijn van kans tegen een man met een knuppel.

He had learned the truth, and he never forgot that lesson.

Hij had de waarheid geleerd en die les vergat hij nooit.

That weapon was the beginning of law in Buck's new world.

Dat wapen was het begin van de wet in Bucks nieuwe wereld.

It was the start of a harsh, primitive order he could not deny.

Het was het begin van een strenge, primitieve orde die hij niet kon ontkennen.

He accepted the truth; his wild instincts were now awake.

Hij aanvaardde de waarheid; zijn wilde instincten kwamen nu tot leven.

The world had grown harsher, but Buck faced it bravely.

De wereld was harder geworden, maar Buck trotseerde het moedig.

He met life with new caution, cunning, and quiet strength.

Hij trad het leven tegemoet met een nieuwe voorzichtigheid, sluwheid en stille kracht.

More dogs arrived, tied in ropes or crates like Buck had been.

Er kwamen nog meer honden aan, vastgebonden in touwen of kratten, net als Buck.

Some dogs came calmly, others raged and fought like wild beasts.

Sommige honden kwamen rustig, andere werden woest en vochten als wilde beesten.

All of them were brought under the rule of the red-sweatered man.

Ze kwamen allemaal onder het bewind van de man met de rode trui.

Each time, Buck watched and saw the same lesson unfold.

Buck keek elke keer toe en zag dezelfde les.

The man with the club was law; a master to be obeyed.

De man met de knuppel was de wet, een meester die gehoorzaamd moest worden.

He did not need to be liked, but he had to be obeyed.

Hij hoefde niet aardig gevonden te worden, maar hij moest wel gehoorzaamd worden.

Buck never fawned or wagged like the weaker dogs did.

Buck kwispelde of vleide nooit zoals de zwakkere honden deden.

He saw dogs that were beaten and still licked the man's hand.

Hij zag honden die geslagen waren en toch de hand van de man likten.

He saw one dog who would not obey or submit at all.

Hij zag een hond die totaal niet gehoorzaamde en zich totaal niet onderwierp.

That dog fought until he was killed in the battle for control.

Die hond vocht tot hij werd gedood in de strijd om de macht.

Strangers would sometimes come to see the red-sweatered man.

Soms kwamen er vreemden naar de man met de rode trui kijken.

They spoke in strange tones, pleading, bargaining, and laughing.

Ze spraken op vreemde toon: smeekten, onderhandelden en lachten.

When money was exchanged, they left with one or more dogs.

Als er geld werd uitgewisseld, gingen ze met een of meerdere honden weg.

Buck wondered where these dogs went, for none ever returned.

Buck vroeg zich af waar de honden naartoe waren, want geen van hen kwam ooit terug.

fear of the unknown filled Buck every time a strange man came

angst voor het onbekende vulde Buck elke keer dat er een vreemde man kwam

he was glad each time another dog was taken, rather than himself.

hij was blij als er elke keer een andere hond werd meegenomen, in plaats van hijzelf.

But finally, Buck's turn came with the arrival of a strange man.

Maar uiteindelijk was Buck aan de beurt toen er een vreemde man arriveerde.

He was small, wiry, and spoke in broken English and curses.

Hij was klein, pezig, sprak gebrekkig Engels en vloekte.

"Sacredam!" he yelled when he laid eyes on Buck's frame.

"Sacredam!" riep hij toen hij Bucks lichaam zag.

"That's one damn bully dog! Eh? How much?" he asked aloud.

"Dat is een verdomde bullebak! Hé? Hoeveel?" vroeg hij hardop.

"Three hundred, and he's a present at that price,"

"Driehonderd, en voor die prijs is hij een cadeautje,"

"Since it's government money, you shouldn't complain, Perrault."

"Aangezien het overheidsgeld is, moet je niet klagen, Perrault."

Perrault grinned at the deal he had just made with the man.

Perrault grijnsde toen hij zag welke deal hij zojuist met de man had gesloten.

The price of dogs had soared due to the sudden demand.

Door de plotselinge vraag stegen de prijzen van honden enorm.

Three hundred dollars wasn't unfair for such a fine beast.

Driehonderd dollar was niet oneerlijk voor zo'n mooi beest.

The Canadian Government would not lose anything in the deal

De Canadese regering zou niets verliezen bij de deal

Nor would their official dispatches be delayed in transit.

Ook zouden hun officiële berichten niet vertraagd worden tijdens het transport.

Perrault knew dogs well, and could see Buck was something rare.

Perrault kende honden goed en zag dat Buck een zeldzaamheid was.

"One in ten ten-thousand," he thought, as he studied Buck's build.

"Eén op de tienduizend", dacht hij, terwijl hij Bucks postuur bestudeerde.

Buck saw the money change hands, but showed no surprise.

Buck zag het geld van eigenaar wisselen, maar was er niet verbaasd over.

Soon he and Curly, a gentle Newfoundland, were led away.

Al snel werden hij en Krullend, een zachtaardige Newfoundlander, weggeleid.

They followed the little man from the red sweater's yard.

Ze volgden het mannetje vanaf de tuin van de rode trui.

That was the last Buck ever saw of the man with the wooden club.

Dat was de laatste keer dat Buck de man met de houten knuppel zag.

From the Narwhal's deck he watched Seattle fade into the distance.

Vanaf het dek van de Narwhal zag hij Seattle in de verte verdwijnen.

It was also the last time he ever saw the warm Southland.

Het was ook de laatste keer dat hij het warme Zuidland zag.

Perrault took them below deck, and left them with François.

Perrault nam ze mee onderdeks en liet ze bij François achter.

François was a black-faced giant with rough, calloused hands.

François was een reus met een zwart gezicht en ruwe, eeltplekken op zijn handen.

He was dark and swarthy; a half-breed French-Canadian.

Hij was donker en getint; een halfbloed Frans-Canadees.

To Buck, these men were of a kind he had never seen before.

Voor Buck waren dit mannen zoals hij nog nooit eerder had gezien.

He would come to know many such men in the days ahead.

Hij zou in de toekomst nog veel van zulke mannen leren kennen.

He did not grow fond of them, but he came to respect them.

Hij raakte er niet aan gehecht, maar hij kreeg er wel respect voor.

They were fair and wise, and not easily fooled by any dog.

Ze waren eerlijk en wijs, en lieten zich door geen enkele hond zomaar voor de gek houden.

They judged dogs calmly, and punished only when deserved.

Ze beoordeelden honden op kalme wijze en straften alleen als dat verdiend was.

In the Narwhal's lower deck, Buck and Curly met two dogs.

Op het benedendek van de Narwhal ontmoetten Buck en Krullend twee honden.

One was a large white dog from far-off, icy Spitzbergen.

Één daarvan was een grote witte hond die uit het verre, ijzige Spitsbergen kwam.

He'd once sailed with a whaler and joined a survey group.

Hij had ooit met een walvisvaarder gevaren en zich bij een onderzoeksgroep aangesloten.

He was friendly in a sly, underhanded and crafty fashion.

Hij was vriendelijk, maar dan op een sluwe, stiekeme en listige manier.

At their first meal, he stole a piece of meat from Buck's pan.

Tijdens hun eerste maaltijd stal hij een stuk vlees uit Bucks pan.

Buck jumped to punish him, but François's whip struck first.

Buck sprong op om hem te straffen, maar de zweep van François sloeg als eerste toe.

The white thief yelped, and Buck reclaimed the stolen bone.

De witte dief gilde en Buck pakte het gestolen bot terug.

That fairness impressed Buck, and François earned his respect.

Die eerlijkheid maakte indruk op Buck en François verdiende zijn respect.

The other dog gave no greeting, and wanted none in return.

De andere hond begroette je niet en wilde ook niets terug.

He didn't steal food, nor sniff at the new arrivals with interest.

Hij stal geen eten en besnuffelde de nieuwkomers ook niet met interesse.

This dog was grim and quiet, gloomy and slow-moving.

Deze hond was somber en stil, somber en traag.

He warned Curly to stay away by simply glaring at her.

Hij waarschuwde Krullend dat ze uit de buurt moest blijven door haar alleen maar aan te staren.

His message was clear; leave me alone or there'll be trouble.

Zijn boodschap was duidelijk: laat me met rust, anders krijg je problemen.

He was called Dave, and he barely noticed his surroundings.

Hij heette Dave en hij lette nauwelijks op zijn omgeving.

He slept often, ate quietly, and yawned now and again.

Hij sliep vaak, at rustig en geeuwde af en toe.

The ship hummed constantly with the beating propeller below.

Het schip maakte een voortdurend zoemend geluid, net als de draaiende schroef eronder.

Days passed with little change, but the weather got colder.

De dagen verstreken zonder dat er veel veranderde, maar het werd wel kouder.

Buck could feel it in his bones, and noticed the others did too.

Buck voelde het in zijn botten en zag dat de anderen het ook voelden.

Then one morning, the propeller stopped and all was still.

Toen stopte op een ochtend de propeller en was alles stil.

An energy swept through the ship; something had changed.

Er ging een energie door het schip: er was iets veranderd.

François came down, clipped them on leashes, and brought them up.

François kwam naar beneden, bevestigde ze aan de lijnen en bracht ze naar boven.

Buck stepped out and found the ground soft, white, and cold.

Buck stapte naar buiten en zag dat de grond zacht, wit en koud was.

He jumped back in alarm and snorted in total confusion.

Hij deinsde geschrokken achteruit en snoof in totale verwarring.

Strange white stuff was falling from the gray sky.

Er viel een vreemd wit spul uit de grijze lucht.

He shook himself, but the white flakes kept landing on him.

Hij schudde zichzelf, maar de witte vlokken bleven op hem landen.

He sniffed the white stuff carefully and licked at a few icy bits.

Hij besnuffelde het witte spul voorzichtig en likte aan een paar ijskoude stukjes.

The powder burned like fire, then vanished right off his tongue.

Het poeder brandde als vuur en verdween vervolgens zo van zijn tong.

Buck tried again, puzzled by the odd vanishing coldness.

Buck probeerde het opnieuw, verbaasd door de vreemde, verdwijnende kou.

The men around him laughed, and Buck felt embarrassed.
De mannen om hem heen lachten en Buck voelde zich
beschaamd.
He didn't know why, but he was ashamed of his reaction.
Hij wist niet waarom, maar hij schaamde zich voor zijn reactie.
It was his first experience with snow, and it confused him.
Het was zijn eerste ervaring met sneeuw, en hij raakte erdoor
in de war.

The Law of Club and Fang
De wet van de knots en de slagtand

Buck's first day on the Dyea beach felt like a terrible nightmare.
Bucks eerste dag op het Dyea-strand voelde als een verschrikkelijke nachtmerrie.

Each hour brought new shocks and unexpected changes for Buck.
Elk uur bracht nieuwe verrassingen en onverwachte veranderingen voor Buck.

He had been pulled from civilization and thrown into wild chaos.
Hij was weggerukt uit de bewoonde wereld en in een wilde chaos gestort.

This was no sunny, lazy life with boredom and rest.
Dit was geen zonnig, lui leven vol verveling en rust.

There was no peace, no rest, and no moment without danger.
Er was geen vrede, geen rust en geen moment zonder gevaar.

Confusion ruled everything, and danger was always close.
Alles werd beheerst door verwarring en het gevaar lag altijd op de loer.

Buck had to stay alert because these men and dogs were different.
Buck moest alert blijven, want deze mannen en honden waren verschillend.

They were not from towns; they were wild and without mercy.
Ze kwamen niet uit de stad; ze waren wild en genadeloos.

These men and dogs only knew the law of club and fang.
Deze mannen en honden kenden alleen de wet van de knots en de slagtand.

Buck had never seen dogs fight like these savage huskies.
Buck had nog nooit honden zien vechten zoals deze wilde husky's.

His first experience taught him a lesson he would never forget.

Zijn eerste ervaring leerde hem een les die hij nooit zou vergeten.

He was lucky it was not him, or he would have died too.

Hij had geluk dat hij het niet was, anders was hij ook gestorven.

Curly was the one who suffered while Buck watched and learned.

Krullend was degene die het leed leed, terwijl Buck toekeek en leerde.

They had made camp near a store built from logs.

Ze hadden hun kamp opgeslagen bij een winkel die gebouwd was van boomstammen.

Curly tried to be friendly to a large, wolf-like husky.

Krullend probeerde vriendelijk te zijn tegen een grote, wolfachtige husky.

The husky was smaller than Curly, but looked wild and mean.

De husky was kleiner dan Krullend, maar zag er wild en gemeen uit.

Without warning, he jumped and slashed her face open.

Zonder waarschuwing sprong hij op en sneed haar gezicht open.

His teeth cut from her eye down to her jaw in one move.

In één beweging sneed hij met zijn tanden van haar oog naar haar kaak.

This was how wolves fought—hit fast and jump away.

Zo vochten wolven: snel slaan en wegspringen.

But there was more to learn than from that one attack.

Maar van die ene aanval konden we meer leren.

Dozens of huskies rushed in and made a silent circle.

Tientallen husky's kwamen aanrennen en vormden een stille kring.

They watched closely and licked their lips with hunger.

Ze keken aandachtig en likten hun lippen af van honger.

Buck didn't understand their silence or their eager eyes.

Buck begreep hun stilte en hun gretige blik niet.

Curly rushed to attack the husky a second time.

Krullend snelde naar de husky toe en viel hem voor de tweede keer aan.

He used his chest to knock her over with a strong move.

Hij sloeg haar met een krachtige beweging met zijn borstkas omver.

She fell on her side and could not get back up.

Ze viel op haar zij en kon niet meer opstaan.

That was what the others had been waiting for all along.

Dat was waar de anderen al die tijd op hadden gewacht.

The huskies jumped on her, yelping and snarling in a frenzy.

De husky's sprongen op haar en gilden en gromden van woede.

She screamed as they buried her under a pile of dogs.

Ze schreeuwde terwijl ze bedolven werd onder een stapel honden.

The attack was so fast that Buck froze in place with shock.

De aanval vond zo snel plaats dat Buck van schrik verstijfde.

He saw Spitz stick out his tongue in a way that looked like a laugh.

Hij zag Spitz zijn tong uitsteken op een manier die leek op een lach.

François grabbed an axe and ran straight into the group of dogs.

François pakte een bijl en rende recht op de groep honden af.

Three other men used clubs to help beat the huskies away.

Drie andere mannen gebruikten knuppels om de husky's weg te jagen.

In just two minutes, the fight was over and the dogs were gone.

Binnen twee minuten was het gevecht voorbij en waren de honden verdwenen.

Curly lay dead in the red, trampled snow, her body torn apart.

Krullend lag dood in de rode, vertrapte sneeuw, haar lichaam verscheurd.

A dark-skinned man stood over her, cursing the brutal scene.

Een donkere man stond boven haar en vervloekte het gruwelijke tafereel.

The memory stayed with Buck and haunted his dreams at night.

De herinnering bleef Buck bij en achtervolgde hem 's nachts in zijn dromen.

That was the way here; no fairness, no second chance.

Zo ging het hier: geen eerlijkheid, geen tweede kans.

Once a dog fell, the others would kill without mercy.

Als een hond viel, doodden de anderen hem zonder pardon.

Buck decided then that he would never allow himself to fall.

Toen besloot Buck dat hij zichzelf nooit zou laten vallen.

Spitz stuck out his tongue again and laughed at the blood.

Spitz stak opnieuw zijn tong uit en lachte om het bloed.

From that moment on, Buck hated Spitz with all his heart.

Vanaf dat moment haatte Buck Spitz met heel zijn hart.

Before Buck could recover from Curly's death, something new happened.

Voordat Buck kon herstellen van Krullend's dood, gebeurde er iets nieuws.

François came over and strapped something around Buck's body.

François kwam naar Buck toe en bond iets om hem heen.

It was a harness like the ones used on horses at the ranch.

Het was een tuig zoals die op de ranch voor paarden werden gebruikt.

As Buck had seen horses work, now he was made to work too.

Buck had paarden zien werken en nu moest hij ook aan het werk.

He had to pull François on a sled into the forest nearby.

Hij moest François op een slee het nabijgelegen bos in trekken.

Then he had to pull back a load of heavy firewood.

Vervolgens moest hij een lading zwaar brandhout naar boven slepen.

Buck was proud, so it hurt him to be treated like a work animal.

Buck was trots en vond het pijnlijk om als een werkdier behandeld te worden.

But he was wise and didn't try to fight the new situation.

Maar hij was wijs en probeerde de nieuwe situatie niet te bestrijden.

He accepted his new life and gave his best in every task.

Hij accepteerde zijn nieuwe leven en deed zijn uiterste best bij elke taak.

Everything about the work was strange and unfamiliar to him.

Alles aan het werk was vreemd en onbekend voor hem.

François was strict and demanded obedience without delay.

François was streng en eiste onmiddellijke gehoorzaamheid.

His whip made sure that every command was followed at once.

Zijn zweep zorgde ervoor dat alle bevelen onmiddellijk werden uitgevoerd.

Dave was the wheeler, the dog nearest the sled behind Buck.

Dave was de wielrenner, de hond die het dichtst bij de slee achter Buck zat.

Dave bit Buck on the back legs if he made a mistake.

Dave beet Buck in zijn achterpoten als hij een fout maakte.

Spitz was the lead dog, skilled and experienced in the role.

Spitz was de leidende hond en was bekwaam en ervaren in de rol.

Spitz could not reach Buck easily, but still corrected him.

Spitz kon Buck niet makkelijk bereiken, maar corrigeerde hem toch.

He growled harshly or pulled the sled in ways that taught Buck.

Hij gromde hard of trok de slee op een manier waar Buck wat van leerde.

Under this training, Buck learned faster than any of them expected.

Dankzij deze training leerde Buck sneller dan ze allemaal hadden verwacht.

He worked hard and learned from both François and the other dogs.

Hij werkte hard en leerde van zowel François als de andere honden.

By the time they returned, Buck already knew the key commands.

Toen ze terugkwamen, kende Buck de belangrijkste commando's al.

He learned to stop at the sound of "ho" from François.

Hij leerde van François om te stoppen als er "ho" klonk.

He learned when he had to pull the sled and run.

Hij leerde het toen hij de slee moest trekken en moest rennen.

He learned to turn wide at bends in the trail without trouble.

Hij leerde om zonder problemen ruim te sturen in bochten.

He also learned to avoid Dave when the sled went downhill fast.

Hij leerde ook om Dave te ontwijken als de slee snel bergafwaarts ging.

"They're very good dogs," François proudly told Perrault.

"Het zijn hele goede honden", vertelde François trots aan Perrault.

"That Buck pulls like hell—I teach him quick as anything."

"Die Buck trekt als de hel - ik leer hem razendsnel."

Later that day, Perrault came back with two more husky dogs.

Later die dag kwam Perrault terug met nog twee husky's.

Their names were Billee and Joe, and they were brothers.

Ze heetten Billee en Joe, en ze waren broers.

They came from the same mother, but were not alike at all.

Ze hadden dezelfde moeder, maar leken totaal niet op elkaar.

Billee was sweet-natured and too friendly with everyone.

Billee was aardig en heel vriendelijk tegen iedereen.

Joe was the opposite—quiet, angry, and always snarling.

Joe was het tegenovergestelde: stil, boos en altijd grommend.

Buck greeted them in a friendly way and was calm with both.

Buck begroette hen vriendelijk en bleef kalm tegen beiden.

Dave paid no attention to them and stayed silent as usual.

Dave schonk er geen aandacht aan en bleef zoals gewoonlijk stil.

Spitz attacked first Billee, then Joe, to show his dominance.

Spitz viel eerst Billee aan en daarna Joe om zijn dominantie te tonen.

Billee wagged his tail and tried to be friendly to Spitz.

Billee kwispelde met zijn staart en probeerde vriendelijk te zijn tegen Spitz.

When that didn't work, he tried to run away instead.

Toen dat niet lukte, probeerde hij weg te rennen.

He cried sadly when Spitz bit him hard on the side.

Hij huilde verdrietig toen Spitz hem hard in zijn zij beet.

But Joe was very different and refused to be bullied.

Maar Joe was heel anders en weigerde gepest te worden.

Every time Spitz came near, Joe spun to face him fast.

Elke keer dat Spitz dichterbij kwam, draaide Joe zich snel om om hem onder ogen te komen.

His fur bristled, his lips curled, and his teeth snapped wildly.

Zijn vacht stond overeind, zijn lippen krulden en zijn tanden klappen wild op elkaar.

Joe's eyes gleamed with fear and rage, daring Spitz to strike.

Joe's ogen glinsterden van angst en woede en hij daagde Spitz uit om toe te slaan.

Spitz gave up the fight and turned away, humiliated and angry.

Spitz gaf de strijd op en draaide zich om, vernederd en boos.

He took out his frustration on poor Billee and chased him away.

Hij reageerde zijn frustratie af op de arme Billee en jaagde hem weg.

That evening, Perrault added one more dog to the team.
Die avond voegde Perrault nog een hond toe aan het team.

This dog was old, lean, and covered in battle scars.
Deze hond was oud, mager en bedekt met littekens van de oorlog.

One of his eyes was missing, but the other flashed with power.
Eén van zijn ogen was verdwenen, maar het andere oog straalde van kracht.

The new dog's name was Solleks, which meant the Angry One.
De naam van de nieuwe hond was Solleks, wat 'de Boze' betekent.

Like Dave, Solleks asked nothing from others, and gave nothing back.
Net als Dave vroeg Solleks niets van anderen en gaf ook niets terug.

When Solleks walked slowly into camp, even Spitz stayed away.
Toen Solleks langzaam het kamp binnenliep, bleef zelfs Spitz weg.

He had a strange habit that Buck was unlucky to discover.
Hij had een vreemde gewoonte, maar Buck ontdekte dat tot zijn ongeluk.

Solleks hated being approached on the side where he was blind.
Solleks vond het vervelend om benaderd te worden aan de kant waar hij blind was.

Buck did not know this and made that mistake by accident.
Buck wist dit niet en maakte die fout per ongeluk.

Solleks spun around and slashed Buck's shoulder deep and fast.
Solleks draaide zich om en sneed met een diepe, snelle beweging in Bucks schouder.

From that moment on, Buck never came near Solleks' blind side.

Vanaf dat moment kwam Buck niet meer in de buurt van de blinde kant van Solleks.

They never had trouble again for the rest of their time together.

Ze hebben de rest van hun tijd samen nooit meer problemen gehad.

Solleks wanted only to be left alone, like quiet Dave.

Solleks wilde alleen maar met rust gelaten worden, net als de stille Dave.

But Buck would later learn they each had another secret goal.

Maar Buck zou later ontdekken dat ze allebei nog een ander geheim doel hadden.

That night Buck faced a new and troubling challenge—how to sleep.

Die nacht werd Buck geconfronteerd met een nieuwe en lastige uitdaging: hoe moest hij slapen?

The tent glowed warmly with candlelight in the snowy field.

De tent gloeide warm met het kaarslicht op het besneeuwde veld.

Buck walked inside, thinking he could rest there like before.

Buck liep naar binnen met het idee dat hij daar, net als voorheen, even kon uitrusten.

But Perrault and François yelled at him and threw pans.

Maar Perrault en François schreeuwden tegen hem en gooiden met pannen.

Shocked and confused, Buck ran out into the freezing cold.

Geschokt en verward rende Buck de vrieskou in.

A bitter wind stung his wounded shoulder and froze his paws.

Een scherpe wind prikte in zijn gewonde schouder en bevroor zijn poten.

He lay down in the snow and tried to sleep out in the open.

Hij ging in de sneeuw liggen en probeerde in de open lucht te slapen.

But the cold soon forced him to get back up, shaking badly.

Maar door de kou moest hij al snel weer opstaan, terwijl hij hevig trilde.

He wandered through the camp, trying to find a warmer spot.

Hij dwaalde door het kamp, op zoek naar een warmere plek.

But every corner was just as cold as the one before.

Maar elke hoek was nog steeds even koud als de vorige.

Sometimes savage dogs jumped at him from the darkness.

Soms sprongen wilde honden vanuit de duisternis op hem af.

Buck bristled his fur, bared his teeth, and snarled with warning.

Buck zette zijn vacht overeind, ontblootte zijn tanden en gromde waarschuwend.

He was learning fast, and the other dogs backed off quickly.

Hij leerde snel en de andere honden deinsden snel terug.

Still, he had no place to sleep, and no idea what to do.

Maar hij had nog steeds geen slaapplaats en geen idee wat hij moest doen.

At last, a thought came to him — check on his team-mates.

Eindelijk kreeg hij een idee: hij moest eens kijken hoe het met zijn teamgenoten ging.

He returned to their area and was surprised to find them gone.

Hij keerde terug naar hun gebied en zag tot zijn verbazing dat ze verdwenen waren.

Again he searched the camp, but still could not find them.

Hij doorzocht het kamp opnieuw, maar kon hen nog steeds niet vinden.

He knew they could not be in the tent, or he would be too.

Hij wist dat ze niet in de tent konden zijn, want anders zou hij er ook zijn.

So where had all the dogs gone in this frozen camp?

Waar waren al die honden in dit bevroren kamp gebleven?

Buck, cold and miserable, slowly circled around the tent.

Buck, koud en ellendig, liep langzaam een rondje om de tent.

Suddenly, his front legs sank into soft snow and startled him.

Opeens zakten zijn voorpoten in de zachte sneeuw en hij schrok.

Something wriggled under his feet, and he jumped back in fear.

Er bewoog iets onder zijn voeten en hij deinsde angstig achteruit.

He growled and snarled, not knowing what lay beneath the snow.

Hij gromde en snauwde, zonder te weten wat er onder de sneeuw lag.

Then he heard a friendly little bark that eased his fear.

Toen hoorde hij een vriendelijk geblaf, dat zijn angst verminderde.

He sniffed the air and came closer to see what was hidden.

Hij besnuffelde de lucht en kwam dichterbij om te zien wat er verborgen was.

Under the snow, curled into a warm ball, was little Billee.

Onder de sneeuw, opgerold als een warm balletje, lag de kleine Billee.

Billee wagged his tail and licked Buck's face to greet him.

Billee kwispelde met zijn staart en likte Bucks gezicht om hem te begroeten.

Buck saw how Billee had made a sleeping place in the snow.

Buck zag hoe Billee een slaapplaats in de sneeuw had gemaakt.

He had dug down and used his own heat to stay warm.

Hij had gegraven en zijn eigen warmte gebruikt om warm te blijven.

Buck had learned another lesson—this was how the dogs slept.

Buck had nog een les geleerd: dit was hoe honden sliepen.

He picked a spot and started digging his own hole in the snow.

Hij koos een plek uit en begon een gat in de sneeuw te graven.

At first, he moved around too much and wasted energy.

In het begin bewoog hij te veel en verspilde hij energie.

But soon his body warmed the space, and he felt safe.

Maar al snel verwarmde zijn lichaam de ruimte en voelde hij zich veilig.

He curled up tightly, and before long he was fast asleep.

Hij rolde zich op en viel al snel in een diepe slaap.

The day had been long and hard, and Buck was exhausted.

Het was een lange en zware dag geweest en Buck was uitgeput.

He slept deeply and comfortably, though his dreams were wild.

Hij sliep diep en comfortabel, hoewel zijn dromen wild waren.

He growled and barked in his sleep, twisting as he dreamed.

Hij gromde en blafte in zijn slaap en draaide zich om terwijl hij droomde.

Buck didn't wake up until the camp was already coming to life.

Buck werd pas wakker toen het kamp al tot leven kwam.

At first, he didn't know where he was or what had happened.

In eerste instantie wist hij niet waar hij was of wat er gebeurd was.

Snow had fallen overnight and completely buried his body.

In de nacht was er sneeuw gevallen en zijn lichaam was volledig bedekt.

The snow pressed in around him, tight on all sides.

De sneeuw drukte zich om hem heen, aan alle kanten dicht.

Suddenly a wave of fear rushed through Buck's entire body.

Opeens voelde Buck een golf van angst door zijn hele lichaam gaan.

It was the fear of being trapped, a fear from deep instincts.

Het was de angst om vast te zitten, een angst die voortkwam uit diepe instincten.

Though he had never seen a trap, the fear lived inside him.

Ook al had hij nog nooit een val gezien, de angst leefde in hem.

He was a tame dog, but now his old wild instincts were waking.

Hij was een tamme hond, maar nu kwamen zijn oude wilde instincten weer naar boven.

Buck's muscles tensed, and his fur stood up all over his back.

Bucks spieren spanden zich aan en zijn vacht stond overeind.

He snarled fiercely and sprang straight up through the snow.

Hij gromde hevig en sprong recht omhoog door de sneeuw.

Snow flew in every direction as he burst into the daylight.

Terwijl hij het daglicht binnenstormde, vloog de sneeuw alle kanten op.

Even before landing, Buck saw the camp spread out before him.

Nog voor de landing zag Buck het kamp voor zich liggen.

He remembered everything from the day before, all at once.

In één keer herinnerde hij zich alles van de vorige dag.

He remembered strolling with Manuel and ending up in this place.

Hij herinnerde zich dat hij met Manuel had rondgewandeld en dat hij op deze plek was beland.

He remembered digging the hole and falling asleep in the cold.

Hij herinnert zich dat hij het gat had gegraven en in de kou in slaap was gevallen.

Now he was awake, and the wild world around him was clear.

Hij was nu wakker en zag de wilde wereld om hem heen helder.

A shout from François hailed Buck's sudden appearance.

François juichte toen Buck plotseling verscheen.

"What did I say?" the dog-driver cried loudly to Perrault.

"Wat heb ik gezegd?" riep de hondenmenner luid naar Perrault.

"That Buck for sure learns quick as anything," François added.

"Die Buck leert echt supersnel", voegde François toe.

Perrault nodded gravely, clearly pleased with the result.

Perrault knikte ernstig. Hij was duidelijk tevreden met het resultaat.

As a courier for the Canadian Government, he carried dispatches.

Als koerier voor de Canadese regering bezorgde hij berichten.

He was eager to find the best dogs for his important mission.

Hij wilde dolgraag de beste honden vinden voor zijn belangrijke missie.

He felt especially pleased now that Buck was part of the team.

Hij was vooral blij dat Buck nu deel uitmaakte van het team.

Three more huskies were added to the team within an hour.

Binnen een uur werden er nog drie husky's aan het team toegevoegd.

That brought the total number of dogs on the team to nine.

Daarmee kwam het totaal aantal honden in het team op negen.

Within fifteen minutes all the dogs were in their harnesses.

Binnen vijftien minuten zaten alle honden in hun harnassen.

The sled team was swinging up the trail toward Dyea Cañon.

Het sleeteam slingerde het pad op richting Dyea Cañon.

Buck felt glad to be leaving, even if the work ahead was hard.

Buck was blij dat hij kon vertrekken, ook al was het werk dat hij moest doen zwaar.

He found he did not particularly despise the labor or the cold.

Hij merkte dat hij het werk en de kou niet bepaald verafschuwde.

He was surprised by the eagerness that filled the whole team.

Hij was verrast door de enthousiasme van het hele team.

Even more surprising was the change that had come over Dave and Solleks.

Nog verrassender was de verandering die Dave en Solleks ondergingen.

These two dogs were entirely different when they were harnessed.

Deze twee honden waren totaal verschillend toen ze in een tuig zaten.

Their passiveness and lack of concern had completely disappeared.

Hun passiviteit en onverschilligheid waren volledig verdwenen.

They were alert and active, and eager to do their work well.

Ze waren alert en actief en wilden hun werk graag goed doen.

They grew fiercely irritated at anything that caused delay or confusion.

Ze raakten hevig geïrriteerd bij alles wat vertraging of verwarring veroorzaakte.

The hard work on the reins was the center of their entire being.

Het harde werk aan de teugels was het middelpunt van hun hele bestaan.

Sled pulling seemed to be the only thing they truly enjoyed.

Het leek erop dat sleeën het enige was waar ze echt plezier in hadden.

Dave was at the back of the group, closest to the sled itself.

Dave liep achterin de groep, het dichtst bij de slee.

Buck was placed in front of Dave, and Solleks pulled ahead of Buck.

Buck werd voor Dave geplaatst en Solleks werd voor Buck geplaatst.

The rest of the dogs were strung out ahead in a single file.

De overige honden stonden in een lange rij voorop.

The lead position at the front was filled by Spitz.

De leidende positie aan het front werd ingevuld door Spitz.

Buck had been placed between Dave and Solleks for instruction.

Buck was tussen Dave en Solleks geplaatst om instructies te krijgen.

He was a quick learner, and they were firm and capable teachers.

Hij leerde snel en de andere leraren waren streng en bekwaam.

They never allowed Buck to remain in error for long.

Ze hebben Buck nooit lang in een fout laten blijven.

They taught their lessons with sharp teeth when needed.

Ze gaven hun lessen met scherpe tanden als dat nodig was.

Dave was fair and showed a quiet, serious kind of wisdom.

Dave was eerlijk en toonde een rustige, serieuze soort wijsheid.

He never bit Buck without a good reason to do so.

Hij beet Buck nooit zonder goede reden.

But he never failed to bite when Buck needed correction.

Maar hij bleef niet in gebreke met bijten als Buck gecorrigeerd moest worden.

François's whip was always ready and backed up their authority.

De whip van François stond altijd klaar en ondersteunde hun gezag.

Buck soon found it was better to obey than to fight back.

Buck kwam er al snel achter dat het beter was om te gehoorzamen dan terug te vechten.

Once, during a short rest, Buck got tangled in the reins.

Een keer, tijdens een korte rustperiode, raakte Buck verstrikt in de teugels.

He delayed the start and confused the team's movement.

Hij vertraagde de start en bracht de bewegingen van het team in de war.

Dave and Solleks flew at him and gave him a rough beating.

Dave en Solleks vlogen op hem af en gaven hem een flink pak slaag.

The tangle only got worse, but Buck learned his lesson well.

De situatie werd alleen maar erger, maar Buck leerde zijn lesje.

From then on, he kept the reins taut, and worked carefully.

Vanaf dat moment hield hij de teugels strak en ging hij nauwkeurig te werk.

Before the day ended, Buck had mastered much of his task.

Voor het einde van de dag had Buck het grootste deel van zijn taak onder de knie.

His teammates almost stopped correcting or biting him.

Zijn teamgenoten stopten bijna met hem te corrigeren of te bijten.

François's whip cracked through the air less and less often.

De zweep van François knalde steeds minder vaak door de lucht.

Perrault even lifted Buck's feet and carefully examined each paw.

Perrault tilde zelfs Bucks voeten op en onderzocht zorgvuldig elke poot.

It had been a hard day's run, long and exhausting for them all.

Het was een zware dag hardlopen geweest, lang en uitputtend voor hen allemaal.

They travelled up the Cañon, through Sheep Camp, and past the Scales.

Ze reisden door de Cañon, door Sheep Camp en langs de Scales.

They crossed the timber line, then glaciers and snowdrifts many feet deep.

Ze passeerden de boomgrens en vervolgens gletsjers en metersdikke sneeuwduinen.

They climbed the great cold and forbidding Chilkoot Divide.

Ze beklommen de grote, koude en onherbergzame Chilkoot Divide.

That high ridge stood between salt water and the frozen interior.

Die hoge bergrug lag tussen het zoute water en het bevroren binnenland.

The mountains guarded the sad and lonely North with ice and steep climbs.

De bergen bewaakten het trieste en eenzame Noorden met ijs en steile hellingen.

They made good time down a long chain of lakes below the divide.

Ze maakten goede vorderingen in een lange keten van meren beneden de waterscheiding.

Those lakes filled the ancient craters of extinct volcanoes.

Deze meren vulden de oude kraters van uitgedoofde vulkanen.

Late that night, they reached a large camp at Lake Bennett.

Laat die nacht bereikten ze een groot kamp bij Lake Bennett.

Thousands of gold seekers were there, building boats for spring.

Duizenden goudzoekers waren daar bezig boten te bouwen voor de lente.

The ice was going break up soon, and they had to be ready.

Het ijs zou binnenkort breken, dus ze moesten voorbereid zijn.

Buck dug his hole in the snow and fell into a deep sleep.

Buck groef een gat in de sneeuw en viel in een diepe slaap.

He slept like a working man, exhausted from the harsh day of toil.

Hij sliep als een arbeider, uitgeput van een dag hard werken.

But too early in the darkness, he was dragged from sleep.

Maar al te vroeg in de duisternis werd hij uit zijn slaap gerukt.

He was harnessed with his mates again and attached to the sled.

Hij werd weer met zijn maten ingespannen en aan de slee vastgemaakt.

That day they made forty miles, because the snow was well trodden.

Die dag legden ze ruim 65 kilometer af, omdat er veel sneeuw lag.

The next day, and for many days after, the snow was soft.

De volgende dag, en nog vele dagen daarna, was de sneeuw zacht.

They had to make the path themselves, working harder and moving slower.

Ze moesten het pad zelf aanleggen. Hiervoor moesten ze harder werken en langzamer bewegen.

Usually, Perrault walked ahead of the team with webbed snowshoes.

Normaal gesproken liep Perrault met zwemvliezen op sneeuwschoenen voorop.

His steps packed the snow, making it easier for the sled to move.

Door zijn stappen drukte hij de sneeuw aan, waardoor de slee makkelijker voortbewoog.

François, who steered from the gee-pole, sometimes took over.

François, die vanaf de stuurknuppel aan het roer stond, nam soms de controle over.

But it was rare that François took the lead

Maar het was zeldzaam dat François de leiding nam

because Perrault was in a rush to deliver the letters and parcels.

omdat Perrault haast had om de brieven en pakketten te bezorgen.

Perrault was proud of his knowledge of snow, and especially ice.

Perrault was trots op zijn kennis van sneeuw en vooral van ijs.

That knowledge was essential, because fall ice was dangerously thin.

Die kennis was essentieel, omdat het herfstijs gevaarlijk dun was.

Where water flowed fast beneath the surface, there was no ice at all.

Waar het water snel onder het oppervlak stroomde, was er helemaal geen ijs.

Day after day, the same routine repeated without end.

Dag in, dag uit, dezelfde routine, eindeloos herhaald.

Buck toiled endlessly in the reins from dawn until night.

Buck zwoegde eindeloos aan de teugels, van 's ochtends vroeg tot 's avonds laat.

They left camp in the dark, long before the sun had risen.

Ze verlieten het kamp in het donker, lang voordat de zon opkwam.

By the time daylight came, many miles were already behind them.

Toen het daglicht aanbrak, hadden ze al vele kilometers afgelegd.

They pitched camp after dark, eating fish and burrowing into snow.

Ze zetten hun kamp op nadat het donker was geworden. Ze aten vis en groeven zich in de sneeuw.

Buck was always hungry and never truly satisfied with his ration.

Buck had altijd honger en was nooit echt tevreden met zijn rantsoen.

He received a pound and a half of dried salmon each day.

Hij kreeg elke dag 650 gram gedroogde zalm.

But the food seemed to vanish inside him, leaving hunger behind.

Maar het eten leek in hem te verdwijnen, en de honger bleef achter.

He suffered from constant pangs of hunger, and dreamed of more food.

Hij had voortdurend honger en droomde van meer eten.

The other dogs got only one pound of food, but they stayed strong.

De andere honden kregen maar een pond eten, maar ze bleven sterk.

They were smaller, and had been born into the northern life.

Ze waren kleiner en geboren in het noordelijke leven.

He swiftly lost the fastidiousness which had marked his old life.

Hij verloor al snel de nauwgezetheid die zijn oude leven kenmerkte.

He had been a dainty eater, but now that was no longer possible.

Vroeger was hij een kieskeurige eter, maar dat was nu niet meer mogelijk.

His mates finished first and robbed him of his unfinished ration.

Zijn kameraden waren als eerste klaar en beroofden hem van zijn restjes proviand.

Once they began there was no way to defend his food from them.

Toen ze eenmaal begonnen, kon hij zijn eten niet meer tegen hen verdedigen.

While he fought off two or three dogs, the others stole the rest.

Terwijl hij met twee of drie honden vocht, stalen de anderen de rest.

To fix this, he began eating as fast as the others ate.

Om dit te verhelpen, begon hij net zo snel te eten als de anderen.

Hunger pushed him so hard that he even took food not his own.

De honger dreef hem zo erg dat hij zelfs voedsel nam dat niet van hem was.

He watched the others and learned quickly from their actions.

Hij observeerde de anderen en leerde snel van hun daden.

He saw Pike, a new dog, steal a slice of bacon from Perrault.

Hij zag hoe Pike, een nieuwe hond, een plak spek van Perrault stal.

Pike had waited until Perrault's back was turned to steal the bacon.

Pike had gewacht tot Perrault zijn rug had toegekeerd om het spek te stelen.

The next day, Buck copied Pike and stole the whole chunk.

De volgende dag kopieerde Buck het voorbeeld van Pike en stal het hele stuk.

A great uproar followed, but Buck was not suspected.

Er ontstond een groot tumult, maar Buck werd niet verdacht.

Dub, a clumsy dog who always got caught, was punished instead.

In plaats daarvan werd Dub, een onhandige hond die altijd werd betrapt, gestraft.

That first theft marked Buck as a dog fit to survive the North.

Die eerste diefstal maakte van Buck een hond die in het Noorden kon overleven.

He showed he could adapt to new conditions and learn quickly.

Hij liet zien dat hij zich aan nieuwe omstandigheden kon aanpassen en snel kon leren.

Without such adaptability, he would have died swiftly and badly.

Zonder dit aanpassingsvermogen zou hij snel en ernstig zijn gestorven.

It also marked the breakdown of his moral nature and past values.

Het betekende ook de teloorgang van zijn morele aard en zijn vroegere waarden.

In the Southland, he had lived under the law of love and kindness.

In het Zuiden leefde hij volgens de wet van liefde en vriendelijkheid.

There it made sense to respect property and other dogs' feelings.

Daar was het zinvol om respect te hebben voor eigendommen en de gevoelens van andere honden.

But the Northland followed the law of club and the law of fang.

Maar in het Noorden golden de wetten van de knots en de wetten van de slagtanden.

Whoever respected old values here was foolish and would fail.

Wie hier de oude waarden zou respecteren, was dwaas en zou falen.

Buck did not reason all this out in his mind.

Buck had dit allemaal niet in zijn hoofd bedacht.

He was fit, and so he adjusted without needing to think.

Hij was fit en paste zich aan zonder erbij na te denken.

All his life, he had never run away from a fight.

Hij was zijn hele leven nog nooit voor een gevecht weggelopen.

But the wooden club of the man in the red sweater changed that rule.

Maar de houten knuppel van de man in de rode trui veranderde die regel.

Now he followed a deeper, older code written into his being.

Nu volgde hij een diepere, oudere code die in zijn wezen geschreven was.

He did not steal out of pleasure, but from the pain of hunger.

Hij stal niet uit genot, maar uit pijn, veroorzaakt door honger.

He never robbed openly, but stole with cunning and care.

Hij roofde nooit openlijk, maar stal met list en zorg.

He acted out of respect for the wooden club and fear of the fang.

Hij handelde uit respect voor de houten knuppel en uit angst voor de slagtand.

In short, he did what was easier and safer than not doing it.

Kortom, hij deed wat gemakkelijker en veiliger was dan het niet doen.

His development—or perhaps his return to old instincts— was fast.

Zijn ontwikkeling, of misschien zijn terugkeer naar oude instincten, verliep snel.

His muscles hardened until they felt as strong as iron.

Zijn spieren werden harder, totdat ze zo sterk aanvoelden als ijzer.

He no longer cared about pain, unless it was serious.

Pijn kon hem niet meer schelen, tenzij het ernstig was.

He became efficient inside and out, wasting nothing at all.

Hij werd zowel van binnen als van buiten efficiënt en verspilde helemaal niets.

He could eat things that were vile, rotten, or hard to digest.

Hij kon dingen eten die vies, rot of moeilijk te verteren waren.

Whatever he ate, his stomach used every last bit of value.
Wat hij ook at, zijn maag gebruikte het laatste restje
waardevolle voedsel.

**His blood carried the nutrients far through his powerful
body.**
Zijn bloed transporteerde de voedingsstoffen door zijn
krachtige lichaam.

This built strong tissues that gave him incredible endurance.
Hierdoor ontwikkelde hij sterke weefsels die hem een
ongelooflijk uithoudingsvermogen gaven.

**His sight and smell became much more sensitive than
before.**
Zijn zicht en reukvermogen werden veel gevoeliger dan
voorheen.

**His hearing grew so sharp he could detect faint sounds in
sleep.**
Zijn gehoor werd zo scherp dat hij in zijn slaap zelfs zwakke
geluiden kon waarnemen.

**He knew in his dreams whether the sounds meant safety or
danger.**
In zijn dromen wist hij of de geluiden veiligheid of gevaar
betekenden.

He learned to bite the ice between his toes with his teeth.
Hij leerde met zijn tanden het ijs tussen zijn tenen te bijten.

**If a water hole froze over, he would break the ice with his
legs.**
Als een waterpoel dichtvroor, brak hij het ijs met zijn benen.

He reared up and struck the ice hard with stiff front limbs.
Hij steigerde en sloeg met zijn stijve voorste ledematen hard
op het ijs.

**His most striking ability was predicting wind changes
overnight.**
Zijn meest opvallende talent was het voorspellen van
veranderingen in de wind gedurende de nacht.

**Even when the air was still, he chose spots sheltered from
wind.**

Zelfs als het windstil was, zocht hij een plek uit waar hij beschut tegen de wind lag.

Wherever he dug his nest, the next day's wind passed him by.

Waar hij ook zijn nest groef, de volgende dag waaide de wind aan hem voorbij.

He always ended up snug and protected, to leeward of the breeze.

Hij kwam altijd beschut en knus terecht, uit de wind.

Buck not only learned by experience—his instincts returned too.

Buck leerde niet alleen door ervaring, ook zijn instincten kwamen terug.

The habits of domesticated generations began to fall away.

De gewoonten van de gedomesticeerde generaties begonnen te verdwijnen.

In vague ways, he remembered the ancient times of his breed.

Op een vage manier herinnerde hij zich de oude tijden van zijn ras.

He thought back to when wild dogs ran in packs through forests.

Hij dacht terug aan de tijd dat wilde honden in roedels door de bossen renden.

They had chased and killed their prey while running it down.

Ze hadden hun prooi achtervolgd en gedood terwijl ze erop jaagden.

It was easy for Buck to learn how to fight with tooth and speed.

Voor Buck was het gemakkelijk om te leren vechten met hand en tand.

He used cuts, slashes, and quick snaps just like his ancestors.

Hij maakte net als zijn voorouders gebruik van snij- en snitten en snelle knipbewegingen.

Those ancestors stirred within him and awoke his wild nature.

Deze voorouders kwamen in hem tot leven en wekten zijn wilde natuur.

Their old skills had passed into him through the bloodline.

Hun oude vaardigheden waren via de bloedlijn aan hem doorgegeven.

Their tricks were his now, with no need for practice or effort.

Hij kon nu zijn trucs uitvoeren, zonder dat hij er enige oefening of moeite voor hoefde te doen.

On still, cold nights, Buck lifted his nose and howled.

Op windstille, koude nachten hief Buck zijn neus op en huilde.

He howled long and deep, the way wolves had done long ago.

Hij huilde lang en diep, zoals wolven dat lang geleden deden.

Through him, his dead ancestors pointed their noses and howled.

Via hem spitsten zijn overleden voorouders hun neuzen en huilden.

They howled down through the centuries in his voice and shape.

Ze huilden door de eeuwen heen met zijn stem en gedaante.

His cadences were theirs, old cries that told of grief and cold.

Zijn cadans was de hunne, oude kreten die verdriet en kou uitdrukten.

They sang of darkness, of hunger, and the meaning of winter.

Ze zongen over duisternis, over honger en de betekenis van de winter.

Buck proved of how life is shaped by forces beyond oneself,

Buck bewees hoe het leven wordt gevormd door krachten buiten jezelf,

the ancient song rose through Buck and took hold of his soul.

het oude lied klonk door Buck heen en nam bezit van zijn ziel.

He found himself because men had found gold in the North.
Hij vond zichzelf terug omdat men in het Noorden goud had
gevonden.
**And he found himself because Manuel, the gardener's
helper, needed money.**
En hij vond zichzelf terug, want Manuel, het hulpje van de
tuinman, had geld nodig.

The Dominant Primordial Beast
Het dominante oerbeest

The dominant primordial beast was as strong as ever in Buck.
Het dominante oerbeest was in Buck nog steeds even sterk.
But the dominant primordial beast had lain dormant in him.
Maar het dominante oerbeest sluimerde in hem.
Trail life was harsh, but it strengthened beast inside Buck.
Het leven op de trail was hard, maar het sterkte Buck in zijn kracht.
Secretly the beast grew stronger and stronger every day.
In het geheim werd het beest elke dag sterker en sterker.
But that inner growth stayed hidden to the outside world.
Maar die innerlijke groei bleef voor de buitenwereld verborgen.
A quiet and calm primordial force was building inside Buck.
Er ontstond een stille en kalme oerkracht in Buck.
New cunning gave Buck balance, calm control, and poise.
Door zijn nieuwe sluwheid kreeg Buck evenwicht, kalmte en beheerstheid.
Buck focused hard on adapting, never feeling fully relaxed.
Buck concentreerde zich vooral op aanpassing en voelde zich nooit helemaal ontspannen.
He avoided conflict, never starting fights, nor seeking trouble.
Hij vermeed conflicten, begon nooit gevechten en zocht nooit problemen.
A slow, steady thoughtfulness shaped Buck's every move.
Een langzame, constante overweging bepaalde elke beweging van Buck.
He avoided rash choices and sudden, reckless decisions.
Hij vermeed overhaaste keuzes en plotselinge, roekeloze beslissingen.
Though Buck hated Spitz deeply, he showed him no aggression.

Hoewel Buck Spitz enorm haatte, toonde hij hem geen enkele agressie.

Buck never provoked Spitz, and kept his actions restrained.

Buck provoceerde Spitz nooit en hield zich ingetogen.

Spitz, on the other hand, sensed the growing danger in Buck.

Spitz voelde daarentegen het groeiende gevaar bij Buck.

He saw Buck as a threat and a serious challenge to his power.

Hij zag Buck als een bedreiging en een serieuze uitdaging voor zijn macht.

He used every chance to snarl and show his sharp teeth.

Hij greep elke kans aan om te grommen en zijn scherpe tanden te laten zien.

He was trying to start the deadly fight that had to come.

Hij probeerde het dodelijke gevecht dat zou volgen, te beginnen.

Early in the trip, a fight nearly broke out between them.

Al vroeg tijdens de reis ontstond er bijna een gevecht tussen hen.

But an unexpected accident stopped the fight from happening.

Maar door een onverwacht ongeluk ging het gevecht niet door.

That evening they set up camp on the bitterly cold Lake Le Barge.

Die avond zetten ze hun kamp op bij het ijskoude meer van Le Barge.

The snow was falling hard, and the wind cut like a knife.

Het sneeuwde pijpenstelen en de wind sneed als een mes.

The night had come too fast, and darkness surrounded them.

De nacht was veel te snel gevallen en het werd donker om hen heen.

They could hardly have chosen a worse place for rest.

Een slechtere plek om te rusten hadden ze zich nauwelijks kunnen wensen.

The dogs searched desperately for a place to lie down.

De honden zochten wanhopig naar een plek om te liggen.

A tall rock wall rose steeply behind the small group.

Achter het kleine groepje verrees een hoge rotswand.

The tent had been left behind in Dyea to lighten the load.

De tent was in Dyea achtergelaten om de last te verlichten.

They had no choice but to make the fire on the ice itself.

Ze hadden geen andere keus dan het vuur op het ijs zelf te maken.

They spread their sleeping robes directly on the frozen lake.

Ze spreiden hun slaapkleedjes rechtstreeks op het bevroren meer uit.

A few sticks of driftwood gave them a little bit of fire.

Een paar stukken drijfhout gaven hen een beetje vuur.

But the fire was built on the ice, and thawed through it.

Maar het vuur ontstond op het ijs en ontdooide erdoorheen.

Eventually they were eating their supper in darkness.

Uiteindelijk aten ze in het donker hun avondeten.

Buck curled up beside the rock, sheltered from the cold wind.

Buck krulde zich op naast de rots, beschut tegen de koude wind.

The spot was so warm and safe that Buck hated to move away.

Het was er zo warm en veilig dat Buck het vreselijk vond om weg te gaan.

But François had warmed the fish and was handing out rations.

Maar François had de vis opgewarmd en was bezig met het uitdelen van rantsoenen.

Buck finished eating quickly, and returned to his bed.

Buck at snel verder en ging terug naar bed.

But Spitz was now laying where Buck had made his bed.

Maar Spitz lag nu waar Buck zijn bed had gemaakt.

A low snarl warned Buck that Spitz refused to move.

Een zacht gegrom waarschuwde Buck dat Spitz weigerde te bewegen.

Until now, Buck had avoided this fight with Spitz.

Tot nu toe had Buck dit gevecht met Spitz vermeden.

But deep inside Buck the beast finally broke loose.

Maar diep van binnen, diep in Buck, brak het beest uiteindelijk los.

The theft of his sleeping place was too much to tolerate.

De diefstal van zijn slaapplaats was ondraaglijk.

Buck launched himself at Spitz, full of anger and rage.

Buck stortte zich op Spitz, vol woede en razernij.

Up until not Spitz had thought Buck was just a big dog.

Tot nu toe had Spitz gedacht dat Buck gewoon een grote hond was.

He didn't think Buck had survived through his spirit.

Hij geloofde niet dat Buck het alleen had overleefd dankzij zijn geest.

He was expecting fear and cowardice, not fury and revenge.

Hij verwachtte angst en lafheid, geen woede en wraak.

François stared as both dogs burst from the ruined nest.

François keek toe hoe beide honden uit het verwoeste nest sprongen.

He understood at once what had started the wild struggle.

Hij begreep meteen wat de aanleiding was geweest voor deze wilde strijd.

"A-a-ah!" François cried out in support of the brown dog.

"Aa-ah!" riep François ter ondersteuning van de bruine hond.

"Give him a beating! By God, punish that sneaky thief!"

"Geef hem een pak slaag! Bij God, straf die sluwe dief!"

Spitz showed equal readiness and wild eagerness to fight.

Spitz toonde evenveel bereidheid als een groot enthousiasme om te vechten.

He cried out in rage while circling fast, seeking an opening.

Hij schreeuwde het uit van woede, terwijl hij snel rondjes draaide, op zoek naar een opening.

Buck showed the same hunger to fight, and the same caution.

Buck toonde dezelfde vechtlust en dezelfde voorzichtigheid.

He circled his opponent as well, trying to gain the upper hand in battle.

Ook hij omsingelde zijn tegenstander en probeerde zo de overhand te krijgen in de strijd.

Then something unexpected happened and changed everything.

Toen gebeurde er iets onverwachts en veranderde alles.

That moment delayed the eventual fight for the leadership.

Dat moment zorgde ervoor dat de uiteindelijke strijd om het leiderschap werd uitgesteld.

Many miles of trail and struggle still waited before the end.

Er wachtten nog vele kilometers aan paden en strijd voordat het einde nabij was.

Perrault shouted an oath as a club smacked against bone.

Perrault schreeuwde een vloek terwijl een knuppel tegen een bot sloeg.

A sharp yelp of pain followed, then chaos exploded all around.

Er volgde een scherpe pijnkreet, waarna er overal chaos ontstond.

Dark shapes moved in camp; wild huskies, starved and fierce.

In het kamp waren donkere gedaantes te zien; wilde husky's, uitgehongerd en woest.

Four or five dozen huskies had sniffed the camp from far away.

Vier of vijf dozijn husky's hadden het kamp al van veraf besnuffeld.

They had crept in quietly while the two dogs fought nearby.

Ze waren stilletjes naar binnen geslopen, terwijl de twee honden in de buurt aan het vechten waren.

François and Perrault charged, swinging clubs at the invaders.

François en Perrault stormden naar de indringers en zwaaiden met hun knuppels.

The starving huskies showed teeth and fought back in frenzy.

De uitgehongerde husky's lieten hun tanden zien en vochten woest terug.

The smell of meat and bread had driven them past all fear.
De geur van vlees en brood had alle angst overwonnen.
Perrault beat a dog that had buried its head in the grub-box.
Perrault sloeg een hond die zijn kop in de voedselbak had
begraven.
The blow hit hard, and the box flipped, food spilling out.
De klap kwam hard aan, de doos kantelde en het eten viel
eruit.
**In seconds, a score of wild beasts tore into the bread and
meat.**
Binnen enkele seconden werd het brood en het vlees door
tientallen wilde dieren verscheurd.
**The men's clubs landed blow after blow, but no dog turned
away.**
De knuppels van de mannen deelden de ene na de andere
klap uit, maar geen enkele hond keerde zich om.
They howled in pain, but fought until no food remained.
Ze huilden van de pijn, maar vochten tot er geen eten meer
over was.
**Meanwhile, the sled-dogs had jumped from their snowy
beds.**
Ondertussen waren de sledehonden uit hun besneeuwde
bedden gesprongen.
They were instantly attacked by the vicious hungry huskies.
Ze werden onmiddellijk aangevallen door de gevaarlijke,
hongerige husky's.
Buck had never seen such wild and starved creatures before.
Buck had nog nooit zulke wilde en uitgehongerde wezens
gezien.
Their skin hung loose, barely hiding their skeletons.
Hun huid hing los en bedekte nauwelijks hun skelet.
There was a fire in their eyes, from hunger and madness
Er was vuur in hun ogen, van honger en waanzin
There was no stopping them; no resisting their savage rush.
Er was geen houden meer aan, geen weerstand te bieden aan
hun woeste aanval.

The sled-dogs were shoved back, pressed against the cliff wall.
De sledehonden werden achteruit geduwd en tegen de rotswand gedrukt.
Three huskies attacked Buck at once, tearing into his flesh.
Drie husky's vielen Buck tegelijk aan en scheurden zijn vlees open.
Blood poured from his head and shoulders, where he'd been cut.
Bloed stroomde uit zijn hoofd en schouders, waar hij was gesneden.
The noise filled the camp; growling, yelps, and cries of pain.
Het lawaai vulde het kamp: gegrom, gejank en kreten van pijn.
Billee cried loudly, as usual, caught in the fray and panic.
Billee huilde luid, zoals gewoonlijk, omdat ze midden in de strijd en in paniek raakte.
Dave and Solleks stood side by side, bleeding but defiant.
Dave en Solleks stonden naast elkaar, bloedend maar uitdagend.
Joe fought like a demon, biting anything that came close.
Joe vocht als een duivel en beet alles wat in de buurt kwam.
He crushed a husky's leg with one brutal snap of his jaws.
Hij verbrijzelde de poot van een husky met één brute klap van zijn kaken.
Pike jumped on the wounded husky and broke its neck instantly.
Pike sprong op de gewonde husky en brak onmiddellijk zijn nek.
Buck caught a husky by the throat and ripped through the vein.
Buck greep een husky bij de keel en sneed de ader open.
Blood sprayed, and the warm taste drove Buck into a frenzy.
Het bloed spoot en de warme smaak zorgde ervoor dat Buck helemaal in extase raakte.
He hurled himself at another attacker without hesitation.
Zonder aarzelen stortte hij zich op een andere aanvaller.

At the same moment, sharp teeth dug into Buck's own throat.

Op hetzelfde moment drongen scherpe tanden Buck's keel binnen.

Spitz had struck from the side, attacking without warning.

Spitz had vanaf de zijkant toegeslagen, zonder waarschuwing.

Perrault and François had defeated the dogs stealing the food.

Perrault en François hadden de honden verslagen die het eten stalen.

Now they rushed to help their dogs fight back the attackers.

Nu snelden ze toe om hun honden te helpen de aanvallers te verslaan.

The starving dogs retreated as the men swung their clubs.

De uitgehongerde honden trokken zich terug terwijl de mannen met hun knuppels zwaaiden.

Buck broke free from the attack, but the escape was brief.

Buck ontsnapte aan de aanval, maar de ontsnapping was van korte duur.

The men ran to save their dogs, and the huskies swarmed again.

De mannen renden om hun honden te redden, en de husky's zwermden opnieuw.

Billee, frightened into bravery, leapt into the pack of dogs.

Billee, door angst in het nauw gedreven, sprong in de roedel honden.

But then he fled across the ice, in raw terror and panic.

Maar toen vluchtte hij over het ijs, in pure angst en paniek.

Pike and Dub followed close behind, running for their lives.

Pike en Dub volgden hen op de voet, rennend voor hun leven.

The rest of the team broke and scattered, following after them.

De rest van het team verspreidde zich en ging hen achterna.

Buck gathered his strength to run, but then saw a flash.

Buck verzamelde al zijn kracht om te rennen, maar toen zag hij een flits.

Spitz lunged at Buck's side, trying to knock him to the ground.

Spitz sprong naar Buck toe en probeerde hem op de grond te slaan.

Under that mob of huskies, Buck would have had no escape.

Buck had geen ontsnappingsmogelijkheid onder die horde husky's.

But Buck stood firm and braced for the blow from Spitz.

Maar Buck bleef standvastig en bereidde zich voor op de klap van Spitz.

Then he turned and ran out onto the ice with the fleeing team.

Toen draaide hij zich om en rende met het vluchtende team het ijs op.

Later, the nine sled-dogs gathered in the shelter of the woods.

Later verzamelden de negen sledehonden zich in de beschutting van het bos.

No one chased them anymore, but they were battered and wounded.

Niemand achtervolgde hen meer, maar ze raakten mishandeld en gewond.

Each dog had wounds; four or five deep cuts on every body.

Elke hond had wonden; vier of vijf diepe snijwonden op elk lichaam.

Dub had an injured hind leg and struggled to walk now.

Dub had een geblesseerde achterpoot en had moeite met lopen.

Dolly, the newest dog from Dyea, had a slashed throat.

Dolly, de nieuwste hond uit Dyea, had een doorgesneden keel.

Joe had lost an eye, and Billee's ear was cut to pieces

Joe had een oog verloren en Billee's oor was in stukken gesneden

All the dogs cried in pain and defeat through the night.

Alle honden schreeuwden de hele nacht van de pijn en verslagenheid.

At dawn they crept back to camp, sore and broken.

Bij zonsopgang slopen ze terug naar het kamp, gehavend en gebroken.

The huskies had vanished, but the damage had been done.

De husky's waren verdwenen, maar de schade was al aangericht.

Perrault and François stood in foul moods over the ruin.

Perrault en François stonden in boze bui boven de ruïne.

Half of the food was gone, snatched by the hungry thieves.

De helft van het eten was verdwenen, meegenomen door hongerige dieven.

The huskies had torn through sled bindings and canvas.

De husky's hadden de bindingen van de slee en het canvas gescheurd.

Anything with a smell of food had been devoured completely.

Alles wat ook maar enigszins naar eten rook, was volledig opgegeten.

They ate a pair of Perrault's moose-hide traveling boots.

Ze aten een paar elandenleren reislaarzen van Perrault op.

They chewed leather reis and ruined straps beyond use.

Ze kauwden op leren riemen en maakten deze onbruikbaar.

François stopped staring at the torn lash to check the dogs.

François stopte met staren naar de gescheurde zweep om naar de honden te kijken.

"Ah, my friends," he said, his voice low and filled with worry.

"Ah, mijn vrienden," zei hij met een lage, bezorgde stem.

"Maybe all these bites will turn you into mad beasts."

"Misschien veranderen al die beten jullie wel in gekke beesten."

"Maybe all mad dogs, sacredam! What do you think, Perrault?"

"Misschien allemaal dolle honden, sjeik! Wat denk jij, Perrault?"

Perrault shook his head, eyes dark with concern and fear.

Perrault schudde zijn hoofd, zijn ogen waren donker van bezorgdheid en angst.

Four hundred miles still lay between them and Dawson.
Tussen hen en Dawson lagen nog vierhonderd mijl.

Dog madness now could destroy any chance of survival.
Hondengekte zou nu iedere kans op overleving kunnen vernietigen.

They spent two hours swearing and trying to fix the gear.
Ze hebben twee uur lang gevloekt en geprobeerd de apparatuur te repareren.

The wounded team finally left the camp, broken and defeated.
Het gewonde team verliet uiteindelijk het kamp, gebroken en verslagen.

This was the hardest trail yet, and each step was painful.
Dit was het moeilijkste pad tot nu toe en elke stap was pijnlijk.

The Thirty Mile River had not frozen, and was rushing wildly.
De Thirty Mile River was niet bevroren en stroomde wild.

Only in calm spots and swirling eddies did ice manage to hold.
Alleen op rustige plekken en in draaiende wervelingen kon het ijs standhouden.

Six days of hard labor passed until the thirty miles were done.
Er volgden zes dagen van zware arbeid voordat de dertig mijl waren afgelegd.

Each mile of the trail brought danger and the threat of death.
Elke kilometer van het pad bracht gevaar en de dreiging van de dood met zich mee.

The men and dogs risked their lives with every painful step.
Met elke pijnlijke stap riskeerden de mannen en honden hun leven.

Perrault broke through thin ice bridges a dozen different times.
Perrault brak een tiental keer door dunne ijsbruggen heen.

He carried a pole and let it fall across the hole his body made.
Hij pakte een stok en liet deze in het gat vallen dat zijn eigen lichaam had gemaakt.
More than once did that pole save Perrault from drowning.
Die paal heeft Perrault meer dan eens van de verdrinkingsdood gered.
The cold snap held firm, the air was fifty degrees below zero.
Het was koud en de luchttemperatuur was vijftig graden onder nul.
Every time he fell in, Perrault had to light a fire to survive.
Iedere keer dat hij in het water viel, moest Perrault een vuur aansteken om te overleven.
Wet clothing froze fast, so he dried them near blazing heat.
Natte kleding bevroor snel, dus hij droogde ze in de brandende hitte.
No fear ever touched Perrault, and that made him a courier.
Perrault was nooit bang en dat maakte hem tot een koerier.
He was chosen for danger, and he met it with quiet resolve.
Hij was uitgekozen voor het gevaar, en hij ging het tegemoet met stille vastberadenheid.
He pressed forward into wind, his shriveled face frostbitten.
Hij drong vooruit, de wind tegemoet, zijn gerimpelde gezicht bevroren.
From faint dawn to nightfall, Perrault led them onward.
Vanaf het begin van de ochtend tot het begin van de avond leidde Perrault hen verder.
He walked on narrow rim ice that cracked with every step.
Hij liep over een smalle ijsrand, die bij iedere stap kraakte.
They dared not stop—each pause risked a deadly collapse.
Ze durfden niet te stoppen. Elke pauze betekende het risico op een dodelijke ineenstorting.
One time the sled broke through, pulling Dave and Buck in.
Op een gegeven moment brak de slee door en werden Dave en Buck meegesleurd.
By the time they were dragged free, both were near frozen.

Toen ze losgetrokken werden, waren ze allebei bijna bevroren.

The men built a fire quickly to keep Buck and Dave alive.

De mannen maakten snel een vuur om Buck en Dave in leven te houden.

The dogs were coated in ice from nose to tail, stiff as carved wood.

De honden waren van neus tot staart bedekt met ijs, stijf als gesneden hout.

The men ran them in circles near the fire to thaw their bodies.

De mannen lieten de lichamen in cirkels rond het vuur lopen om ze te ontdooien.

They came so close to the flames that their fur was singed.

Ze kwamen zo dicht bij de vlammen dat hun vacht verschroeid raakte.

Spitz broke through the ice next, dragging in the team behind him.

Spitz brak vervolgens door het ijs en sleepte het team achter zich mee.

The break reached all the way up to where Buck was pulling.

De breuk reikte helemaal tot aan het punt waar Buck aan het trekken was.

Buck leaned back hard, paws slipping and trembling on the edge.

Buck leunde achterover, zijn poten gleden weg en trilden op de rand.

Dave also strained backward, just behind Buck on the line.

Dave boog ook naar achteren, vlak achter Buck op de lijn.

François hauled on the sled, his muscles cracking with effort.

François trok de slee omhoog en zijn spieren kraakten van de inspanning.

Another time, rim ice cracked before and behind the sled.

Een andere keer brak het ijs op de rand vóór en achter de slee.

They had no way out except to climb a frozen cliff wall.

Er was geen andere uitweg dan een bevroren rotswand te beklimmen.

Perrault somehow climbed the wall; a miracle kept him alive.

Op de een of andere manier wist Perrault de muur te beklimmen; door een wonder bleef hij in leven.

François stayed below, praying for the same kind of luck.

François bleef beneden en bad voor hetzelfde geluk.

They tied every strap, lashing, and trace into one long rope.

Ze maakten van alle riemen, sjorringen en sporen één lang touw.

The men hauled each dog up, one at a time to the top.

De mannen tilden de honden één voor één naar boven.

François climbed last, after the sled and the entire load.

François klom als laatste, na de slee en de hele lading.

Then began a long search for a path down from the cliffs.

Toen begon een lange zoektocht naar een pad dat vanaf de kliffen naar beneden leidde.

They finally descended using the same rope they had made.

Uiteindelijk daalden ze af met hetzelfde touw dat ze zelf hadden gemaakt.

Night fell as they returned to the riverbed, exhausted and sore.

Het werd donker toen ze uitgeput en pijnlijk terugliepen naar de rivierbedding.

They had taken a full day to cover only a quarter of a mile.

Ze hadden een hele dag nodig gehad om slechts een kwart mijl af te leggen.

By the time they reached the Hootalinqua, Buck was worn out.

Tegen de tijd dat ze Hootalinqua bereikten, was Buck uitgeput.

The other dogs suffered just as badly from the trail conditions.

Ook de andere honden hadden last van de omstandigheden op het pad.

But Perrault needed to recover time, and pushed them on each day.

Maar Perrault moest tijd inhalen en zette hen elke dag weer op scherp.

The first day they traveled thirty miles to Big Salmon.

De eerste dag reisden ze vijftig kilometer naar Big Salmon.

The next day they travelled thirty-five miles to Little Salmon.

De volgende dag reisden ze 56 kilometer naar Little Salmon.

On the third day they pushed through forty long frozen miles.

Op de derde dag trokken ze door veertig lang bevroren mijlen.

By then, they were nearing the settlement of Five Fingers.

Tegen die tijd naderden ze de nederzetting Five Fingers.

Buck's feet were softer than the hard feet of native huskies.

De voeten van Buck waren zachter dan de harde voeten van inheemse husky's.

His paws had grown tender over many civilized generations.

Zijn poten waren in de loop van vele beschaafde generaties gevoelig geworden.

Long ago, his ancestors had been tamed by river men or hunters.

Lang geleden werden zijn voorouders getemd door rivierbewoners of jagers.

Every day Buck limped in pain, walking on raw, aching paws.

Buck liep elke dag mank van de pijn en liep op pijnlijke, schrale poten.

At camp, Buck dropped like a lifeless form upon the snow.

In het kamp viel Buck als een levenloos lichaam neer in de sneeuw.

Though starving, Buck did not rise to eat his evening meal.

Hoewel Buck uitgehongerd was, stond hij niet op om zijn avondmaaltijd te eten.

François brought Buck his ration, laying fish by his muzzle.

François bracht Buck zijn rantsoen en legde de vis naast zijn snuit neer.

Each night the driver rubbed Buck's feet for half an hour.

Elke avond masseerde de chauffeur Bucks voeten een half uur lang.

François even cut up his own moccasins to make dog footwear.

François sneed zelfs zijn eigen mocassins in stukken om er hondenschoenen van te maken.

Four warm shoes gave Buck a great and welcome relief.

Vier warme schoenen waren een welkome verlichting voor Buck.

One morning, François forgot the shoes, and Buck refused to rise.

Op een ochtend vergat François zijn schoenen en Buck weigerde op te staan.

Buck lay on his back, feet in the air, waving them pitifully.

Buck lag op zijn rug, met zijn voeten in de lucht, en zwaaide er zielig mee.

Even Perrault grinned at the sight of Buck's dramatic plea.

Zelfs Perrault grijnsde bij het zien van Bucks dramatische pleidooi.

Soon Buck's feet grew hard, and the shoes could be discarded.

Al snel werden Bucks voeten hard en konden de schoenen worden weggegooid.

At Pelly, during harness time, Dolly let out a dreadful howl.

Toen Pelly werd opgeschrikt door het inspannen van de tuigage, liet Dolly een vreselijk gehuil horen.

The cry was long and filled with madness, shaking every dog.

Het gehuil was lang en vol waanzin, en het deed alle honden schudden.

Each dog bristled in fear without knowing the reason.

Elke hond was bang, maar wist niet waarom.

Dolly had gone mad and hurled herself straight at Buck.

Dolly was gek geworden en had zich recht op Buck gestort.

Buck had never seen madness, but horror filled his heart.
Buck had nog nooit waanzin gezien, maar zijn hart werd
vervuld van afschuw.

With no thought, he turned and fled in absolute panic.
Hij draaide zich om en vluchtte in totale paniek.

Dolly chased him, her eyes wild, saliva flying from her jaws.
Dolly rende achter hem aan, haar ogen wild en het speeksel
spatte uit haar kaken.

**She kept right behind Buck, never gaining and never falling
back.**
Ze bleef vlak achter Buck, zonder afstand te nemen of terug te
vallen.

Buck ran through woods, down the island, across jagged ice.
Buck rende door het bos, over het eiland en over het grillige
ijs.

**He crossed to an island, then another, circling back to the
river.**
Hij stak over naar een eiland, toen naar een ander, en voer
vervolgens weer terug naar de rivier.

Still Dolly chased him, her growl close behind at every step.
Dolly bleef hem achtervolgen, met bij iedere stap haar gegrom
op de voet gevolgd.

**Buck could hear her breath and rage, though he dared not
look back.**
Buck kon haar ademhaling en woede horen, maar hij durfde
niet om te kijken.

**François shouted from afar, and Buck turned toward the
voice.**
François riep van verre en Buck draaide zich naar de stem toe.

**Still gasping for air, Buck ran past, placing all hope in
François.**
Buck, die nog steeds naar adem snakte, rende voorbij en stelde
al zijn hoop op François.

The dog-driver raised an axe and waited as Buck flew past.
De hondendrijver hief een bijl en wachtte terwijl Buck voorbij
vloog.

The axe came down fast and struck Dolly's head with deadly force.

De bijl kwam snel neer en raakte Dolly's hoofd met dodelijke kracht.

Buck collapsed near the sled, wheezing and unable to move.

Buck zakte bij de slee in elkaar, hijgend en niet in staat om te bewegen.

That moment gave Spitz his chance to strike an exhausted foe.

Dat moment gaf Spitz de kans om een uitgeputte tegenstander aan te vallen.

Twice he bit Buck, ripping flesh down to the white bone.

Hij beet Buck twee keer en scheurde zijn vlees tot op het witte bot open.

François's whip cracked, striking Spitz with full, furious force.

De zweep van François knalde en raakte Spitz met volle kracht.

Buck watched with joy as Spitz received his harshest beating yet.

Buck keek met vreugde toe hoe Spitz zijn zwaarste pak slaag tot nu toe kreeg.

"He's a devil, that Spitz," Perrault muttered darkly to himself.

"Hij is een duivel, die Spitz," mompelde Perrault duister in zichzelf.

"Someday soon, that cursed dog will kill Buck — I swear it."

"Binnenkort zal die vervloekte hond Buck vermoorden, ik zweer het."

"That Buck has two devils in him," François replied with a nod.

"Die Buck heeft twee duivels in zich," antwoordde François knikkend.

"When I watch Buck, I know something fierce waits in him."

"Als ik naar Buck kijk, weet ik dat er iets fels in hem schuilt."

"One day, he'll get mad as fire and tear Spitz to pieces."

"Op een dag zal hij woedend worden en Spitz aan stukken scheuren."

"He'll chew that dog up and spit him on the frozen snow."

"Hij zal die hond kapotbijten en hem op de bevroren sneeuw uitspugen."

"Sure as anything, I know this deep in my bones."

"Ik weet dit zeker, diep in mijn botten."

From that moment forward, the two dogs were locked in war.

Vanaf dat moment waren de twee honden met elkaar in oorlog.

Spitz led the team and held power, but Buck challenged that.

Spitz leidde het team en had de macht, maar Buck ondermijnde die positie.

Spitz saw his rank threatened by this odd Southland stranger.

Spitz zag zijn rang bedreigd door deze vreemde vreemdeling uit Zuidland.

Buck was unlike any southern dog Spitz had known before.

Buck was anders dan alle zuidelijke honden die Spitz ooit gekend had.

Most of them failed—too weak to live through cold and hunger.

De meesten van hen faalden. Ze waren te zwak om de kou en honger te overleven.

They died fast under labor, frost, and the slow burn of famine.

Ze stierven een snelle dood door de zware arbeid, de vorst en de langzame hongersnood.

Buck stood apart—stronger, smarter, and more savage each day.

Buck stond apart: elke dag sterker, slimmer en wilder.

He thrived on hardship, growing to match the northern huskies.

Hij gedijde in moeilijke tijden en groeide op tot een hond die net zo groot werd als de noordelijke husky's.

Buck had strength, wild skill, and a patient, deadly instinct.
Buck had kracht, enorme vaardigheden en een geduldig,
dodelijk instinct.
The man with the club had beaten rashness out of Buck.
De man met de knuppel had Buck overmoedig gemaakt.
Blind fury was gone, replaced by quiet cunning and control.
De blinde woede was verdwenen en vervangen door stille
sluwheid en beheersing.
He waited, calm and primal, watching for the right moment.
Hij wachtte, kalm en oorspronkelijk, wachtend op het juiste
moment.
Their fight for command became unavoidable and clear.
Hun strijd om de macht werd onvermijdelijk en duidelijk.
Buck desired leadership because his spirit demanded it.
Buck verlangde naar leiderschap omdat zijn geest dat van hem
vroeg.
He was driven by the strange pride born of trail and harness.
Hij werd voortgedreven door de vreemde trots die
voortkwam uit het spoor en het tuig.
That pride made dogs pull till they collapsed on the snow.
Die trots zorgde ervoor dat honden door de sneeuw trokken
tot ze erbij neervielen.
Pride lured them into giving all the strength they had.
Hoogmoed verleidde hen om al hun kracht te geven.
Pride can lure a sled-dog even to the point of death.
Trots kan een sledehond zelfs tot de dood lokken.
Losing the harness left dogs broken and without purpose.
Het verlies van het tuig zorgde ervoor dat de honden
gebroken en doelloos achterbleven.
**The heart of a sled-dog can be crushed by shame when they
retire.**
Het hart van een sledehond kan gebroken worden door
schaamte als hij met pensioen gaat.
Dave lived by that pride as he dragged the sled from behind.
Dave leefde vanuit die trots terwijl hij de slee achter zich aan
trok.
Solleks, too, gave his all with grim strength and loyalty.

Ook Solleks gaf met grimmige kracht en loyaliteit alles wat hij had.

Each morning, pride turned them from bitter to determined.
Elke ochtend veranderde trots hun humeur van bitter in vastberaden.

They pushed all day, then dropped silent at the camp's end.
Ze hebben de hele dag doorgezet en aan het einde van het kamp werd het stil.

That pride gave Spitz the strength to beat shirkers into line.
Die trots gaf Spitz de kracht om degenen die zich niet aan de regels hielden, tot het uiterste te drijven.

Spitz feared Buck because Buck carried that same deep pride.
Spitz was bang voor Buck omdat Buck dezelfde diepe trots met zich meedroeg.

Buck's pride now stirred against Spitz, and he did not stop.
Bucks trots keerde zich tegen Spitz en hij gaf niet op.

Buck defied Spitz's power and blocked him from punishing dogs.
Buck trotseerde Spitz' macht en voorkwam dat hij honden strafte.

When others failed, Buck stepped between them and their leader.
Toen anderen faalden, stond Buck tussen hen en hun leider.

He did this with intent, making his challenge open and clear.
Hij deed dit met opzet en maakte zijn uitdaging open en duidelijk.

On one night heavy snow blanketed the world in deep silence.
Op een nacht viel er een dikke laag sneeuw, waardoor de wereld in diepe stilte werd bedekt.

The next morning, Pike, lazy as ever, did not rise for work.
De volgende morgen stond Pike, lui als altijd, niet op om te gaan werken.

He stayed hidden in his nest beneath a thick layer of snow.
Hij bleef verborgen in zijn nest onder een dikke laag sneeuw.

François called out and searched, but could not find the dog.

François riep en zocht, maar kon de hond niet vinden.

Spitz grew furious and stormed through the snow-covered camp.

Spitz werd woedend en stormde door het met sneeuw bedekte kamp.

He growled and sniffed, digging madly with blazing eyes.

Hij gromde en snoof, terwijl hij als een gek groef en met vlammende ogen keek.

His rage was so fierce that Pike shook under the snow in fear.

Zijn woede was zo hevig dat Pike van angst onder de sneeuw beefde.

When Pike was finally found, Spitz lunged to punish the hiding dog.

Toen Pike eindelijk gevonden werd, sprong Spitz naar voren om de verstopte hond te straffen.

But Buck sprang between them with a fury equal to Spitz's own.

Maar Buck sprong tussen hen in, met een woede die even groot was als die van Spitz.

The attack was so sudden and clever that Spitz fell off his feet.

De aanval was zo plotseling en slim dat Spitz van zijn voeten viel.

Pike, who had been shaking, took courage from this defiance.

Pike, die al een tijdje aan het trillen was, putte moed uit deze uitdaging.

He leapt on the fallen Spitz, following Buck's bold example.

Hij sprong op de gevallen Spitz en volgde het stoutmoedige voorbeeld van Buck.

Buck, no longer bound by fairness, joined the strike on Spitz.

Buck, die zich niet langer aan de regels van eerlijkheid hield, sloot zich aan bij de staking op Spitz.

François, amused yet firm in discipline, swung his heavy lash.

François, geamuseerd maar vastberaden in discipline, zwaaide met zijn zware zweep.

He struck Buck with all his strength to break up the fight.

Hij sloeg Buck met al zijn kracht om het gevecht te beëindigen.

Buck refused to move and stayed atop the fallen leader.

Buck weigerde te bewegen en bleef bovenop de gevallen leider zitten.

François then used the whip's handle, hitting Buck hard.

Vervolgens sloeg François Buck hard met het handvat van de zweep.

Staggering from the blow, Buck fell back under the assault.

Buck wankelde door de klap en deinsde terug onder de aanval.

François struck again and again while Spitz punished Pike.

François sloeg keer op keer terwijl Spitz Pike strafte.

Days passed, and Dawson City grew nearer and nearer.

De dagen verstreken en Dawson City kwam steeds dichterbij.

Buck kept interfering, slipping between Spitz and other dogs.

Buck bleef zich ermee bemoeien en glipte tussen Spitz en de andere honden.

He chose his moments well, always waiting for François to leave.

Hij koos zijn momenten goed en wachtte altijd tot François weg was.

Buck's quiet rebellion spread, and disorder took root in the team.

Bucks stille opstandigheid verspreidde zich en er ontstond wanorde in het team.

Dave and Solleks stayed loyal, but others grew unruly.

Dave en Solleks bleven hen trouw, maar anderen werden onhandelbaar.

The team grew worse—restless, quarrelsome, and out of line.

Het team werd steeds slechter: onrustig, ruziezoekend en buitenspel staand.

Nothing worked smoothly anymore, and fights became common.

Niets verliep meer soepel en er ontstonden steeds vaker gevechten.

Buck stayed at the heart of the trouble, always provoking unrest.

Buck bleef de oorzaak van de onrust en zorgde voortdurend voor onrust.

François stayed alert, afraid of the fight between Buck and Spitz.

François bleef alert, bang voor het gevecht tussen Buck en Spitz.

Each night, scuffles woke him, fearing the beginning finally arrived.

Iedere nacht werd hij wakker van het gevecht, omdat hij vreesde dat het begin eindelijk daar was.

He leapt from his robe, ready to break up the fight.

Hij sprong uit zijn gewaad, klaar om een eind te maken aan het gevecht.

But the moment never came, and they reached Dawson at last.

Maar het moment kwam niet en uiteindelijk bereikten ze Dawson.

The team entered the town one bleak afternoon, tense and quiet.

Op een sombere middag arriveerde het team in de stad, gespannen en stil.

The great battle for leadership still hung in the frozen air.

De grote strijd om het leiderschap hing nog steeds in de bevroren lucht.

Dawson was full of men and sled-dogs, all busy with work.

Dawson zat vol met mannen en sledehonden, die allemaal druk aan het werk waren.

Buck watched the dogs pull loads from morning until night.

Buck keek van 's ochtends tot 's avonds toe hoe de honden lasten trokken.

They hauled logs and firewood, freighted supplies to the mines.

Ze vervoerden boomstammen en brandhout en goederen naar de mijnen.

Where horses once worked in the Southland, dogs now labored.

Waar vroeger paarden in het zuiden werkten, doen nu honden hun werk.

Buck saw some dogs from the South, but most were wolf-like huskies.

Buck zag wel wat honden uit het zuiden, maar het waren vooral wolfachtige husky's.

At night, like clockwork, the dogs raised their voices in song.

's Nachts begonnen de honden als op een klok te zingen.

At nine, at midnight, and again at three, the singing began.

Om negen uur, om middernacht en nogmaals om drie uur begon het gezang.

Buck loved joining their eerie chant, wild and ancient in sound.

Buck genoot ervan om mee te zingen met hun griezelige gezang, dat wild en eeuwenoud klonk.

The aurora flamed, stars danced, and snow blanketed the land.

Het poollicht vlamde, de sterren dansten en sneeuw bedekte het land.

The dogs' song rose as a cry against silence and bitter cold.

Het gezang van de honden werd een kreet tegen de stilte en de bittere kou.

But their howl held sorrow, not defiance, in every long note.

Maar in elke lange noot van hun gehuil klonk verdriet door, geen verzet.

Each wailing cry was full of pleading; the burden of life itself.

Elke klaagzang was vol smeekbeden; de last van het leven zelf.

That song was old—older than towns, and older than fires

Dat lied was oud – ouder dan steden, en ouder dan branden

That song was more ancient even than the voices of men.

Dat lied was nog ouder dan de stemmen van mensen.

It was a song from the young world, when all songs were sad.

Het was een lied uit de jonge wereld, toen alle liederen droevig waren.

The song carried sorrow from countless generations of dogs.

Het lied droeg het verdriet van talloze generaties honden uit.

Buck felt the melody deeply, moaning from pain rooted in the ages.

Buck voelde de melodie diep en kreunde van de pijn die al eeuwenlang voelbaar was.

He sobbed from a grief as old as the wild blood in his veins.

Hij snikte van verdriet dat zo oud was als het wilde bloed in zijn aderen.

The cold, the dark, and the mystery touched Buck's soul.

De kou, de duisternis en het mysterie raakten Bucks ziel.

That song proved how far Buck had returned to his origins.

Dat lied bewees hoe ver Buck terug was gegaan naar zijn oorsprong.

Through snow and howling he had found the start of his own life.

Door de sneeuw en het gehuil had hij het begin van zijn eigen leven gevonden.

Seven days after arriving in Dawson, they set off once again.

Zeven dagen na aankomst in Dawson vertrokken ze opnieuw.

The team dropped from the Barracks down to the Yukon Trail.

Het team daalde van de barakken af naar de Yukon Trail.

They began the journey back toward Dyea and Salt Water.

Ze begonnen aan de terugreis naar Dyea en Salt Water.

Perrault carried dispatches even more urgent than before.

Perrault bezorgde berichten die nog dringender waren dan voorheen.

He was also seized by trail pride and aimed to set a record.
Ook hij raakte gegrepen door trailpride en wilde een record vestigen.

This time, several advantages were on Perrault's side.
Deze keer had Perrault een aantal voordelen.

The dogs had rested for a full week and regained their strength.
De honden hadden een hele week rust gehad en waren weer op krachten gekomen.

The trail they had broken was now hard-packed by others.
Het pad dat ze hadden gebaand, werd nu door anderen platgetreden.

In places, police had stored food for dogs and men alike.
Op sommige plaatsen had de politie voedsel opgeslagen voor zowel honden als mensen.

Perrault traveled light, moving fast with little to weigh him down.
Perrault reisde licht en snel, met weinig lasten die hem belastten.

They reached Sixty-Mile, a fifty-mile run, by the first night.
Ze bereikten de Sixty-Mile, een tocht van tachtig kilometer, al in de eerste nacht.

On the second day, they rushed up the Yukon toward Pelly.
Op de tweede dag trokken ze snel de Yukon op richting Pelly.

But such fine progress came with much strain for François.
Maar deze mooie vooruitgang bracht voor François ook veel spanning met zich mee.

Buck's quiet rebellion had shattered the team's discipline.
Bucks stille rebellie had de discipline van het team verwoest.

They no longer pulled together like one beast in the reins.
Ze trokken niet langer als één beest aan de teugels samen.

Buck had led others into defiance through his bold example.
Buck bracht anderen tot verzet door zijn moedige voorbeeld.

Spitz's command was no longer met with fear or respect.

Spitz' bevelen werden niet langer met angst of respect ontvangen.

The others lost their awe of him and dared to resist his rule.

De anderen verloren hun ontzag voor hem en durfden zich tegen zijn heerschappij te verzetten.

One night, Pike stole half a fish and ate it under Buck's eye.

Op een nacht stal Pike een halve vis en at die op onder Bucks oog.

Another night, Dub and Joe fought Spitz and went unpunished.

Op een andere avond vochten Dub en Joe ongestraft met Spitz.

Even Billee whined less sweetly and showed new sharpness.

Zelfs Billee jankte minder lief en toonde nieuwe scherpte.

Buck snarled at Spitz every time they crossed paths.

Buck gromde naar Spitz iedere keer dat ze elkaar tegenkwamen.

Buck's attitude grew bold and threatening, nearly like a bully.

Bucks houding werd brutaal en dreigend, bijna als die van een pestkop.

He paced before Spitz with a swagger, full of mocking menace.

Hij liep met een zwierige blik en een dreigende blik op Spitz af.

That collapse of order also spread among the sled-dogs.

Die verstoring van de openbare orde had ook gevolgen voor de sledehonden.

They fought and argued more than ever, filling camp with noise.

Ze vochten en maakten meer ruzie dan ooit tevoren, waardoor het kamp vol kabaal stond.

Camp life turned into a wild, howling chaos each night.

Elke avond veranderde het leven in het kamp in een wilde, huilende chaos.

Only Dave and Solleks remained steady and focused.

Alleen Dave en Solleks bleven kalm en geconcentreerd.

But even they became short-tempered from the constant brawls.

Maar zelfs zij werden opvliegend van de voortdurende gevechten.

François cursed in strange tongues and stomped in frustration.

François vloekte in vreemde talen en stampte van frustratie.

He tore at his hair and shouted while snow flew underfoot.

Hij trok aan zijn haar en schreeuwde, terwijl de sneeuw onder zijn voeten door vloog.

His whip snapped across the pack but barely kept them in line.

Zijn zweep sloeg over de groep, maar kon ze ternauwernood in het gareel houden.

Whenever his back was turned, the fighting broke out again.

Zodra hij zijn rug toekeerde, brak er weer gevochten uit.

François used the lash for Spitz, while Buck led the rebels.

François gebruikte de zweep tegen Spitz, terwijl Buck de rebellen leidde.

Each knew the other's role, but Buck avoided any blame.

Ze kenden elkaars rol, maar Buck vermeed de schuld.

François never caught Buck starting a fight or shirking his job.

François heeft Buck nooit betrapt op het beginnen van een gevecht of het negeren van zijn werk.

Buck worked hard in harness — the toil now thrilled his spirit.

Buck werkte hard in het tuig; de arbeid vervulde nu zijn geest.

But he found even more joy in stirring fights and chaos in camp.

Maar hij vond nog meer plezier in het veroorzaken van ruzies en chaos in het kamp.

At the Tahkeena's mouth one evening, Dub startled a rabbit.

Op een avond schrok Dub bij de mond van de Tahkeena een konijn op.

He missed the catch, and the snowshoe rabbit sprang away.

Hij miste de vangst en het sneeuwschoenhaasje sprong weg.

In seconds, the entire sled team gave chase with wild cries.

Binnen enkele seconden zette het hele sleeteam de achtervolging in, met wilde kreten.

Nearby, a Northwest Police camp housed fifty husky dogs.

In de buurt huisvestte een politiekamp van het noordwesten vijftig husky's.

They joined the hunt, surging down the frozen river together.

Ze gingen op jacht en samen stroomden ze door de bevroren rivier.

The rabbit turned off the river, fleeing up a frozen creek bed.

Het konijn verliet de rivier en vluchtte via een bevroren kreekbedding omhoog.

The rabbit skipped lightly over snow while the dogs struggled through.

Het konijn huppelde zachtjes over de sneeuw terwijl de honden zich erdoorheen worstelden.

Buck led the massive pack of sixty dogs around each twisting bend.

Buck leidde de enorme roedel van zestig honden door iedere bocht.

He pushed forward, low and eager, but could not gain ground.

Hij drong naar voren, laag en gretig, maar kon geen terrein winnen.

His body flashed under the pale moon with each powerful leap.

Bij elke krachtige sprong flitste zijn lichaam onder de bleke maan.

Ahead, the rabbit moved like a ghost, silent and too fast to catch.

Voor ons uit bewoog het konijn zich als een spook, stil en te snel om te vangen.

All those old instincts—the hunger, the thrill—rushed through Buck.

Al die oude instincten - de honger, de spanning - raasden door Buck heen.

Humans feel this instinct at times, driven to hunt with gun and bullet.

Mensen voelen soms dit instinct en willen met een geweer en kogel jagen.

But Buck felt this feeling on a deeper and more personal level.

Maar Buck voelde dit gevoel op een dieper en persoonlijker niveau.

They could not feel the wild in their blood the way Buck could feel it.

Zij konden de wildernis niet in hun bloed voelen zoals Buck dat kon.

He chased living meat, ready to kill with his teeth and taste blood.

Hij jaagde op levend vlees, klaar om te doden met zijn tanden en bloed te proeven.

His body strained with joy, wanting to bathe in warm red life.

Zijn lichaam spande zich van vreugde, hij wilde zich baden in het warme, rode leven.

A strange joy marks the highest point life can ever reach.

Een vreemde vreugde markeert het hoogste punt dat het leven ooit kan bereiken.

The feeling of a peak where the living forget they are even alive.

Het gevoel van een bergtop waar de levenden vergeten dat ze leven.

This deep joy touches the artist lost in blazing inspiration.

Deze diepe vreugde raakt de kunstenaar, verloren in vurige inspiratie.

This joy seizes the soldier who fights wildly and spares no foe.

Deze vreugde grijpt de soldaat aan die met een wilde strijder vecht en geen enkele vijand spaart.

This joy now claimed Buck as he led the pack in primal hunger.

Deze vreugde maakte zich meester van Buck terwijl hij de roedel leidde in oerhonger.

He howled with the ancient wolf-cry, thrilled by the living chase.

Hij huilde met de oeroude wolvenroep, opgewonden door de levende jacht.

Buck tapped into the oldest part of himself, lost in the wild.

Buck vond de weg naar het oudste deel van zichzelf, verdwaald in de wildernis.

He reached deep within, past memory, into raw, ancient time.

Hij groef diep in zichzelf, voorbij de herinnering, naar de rauwe, oude tijd.

A wave of pure life surged through every muscle and tendon.

Een golf van puur leven stroomde door iedere spier en pees.

Each leap shouted that he lived, that he moved through death.

Elke sprong maakte duidelijk dat hij leefde, dat hij door de dood heen ging.

His body soared joyfully over still, cold land that never stirred.

Zijn lichaam zweefde vreugdevol over het stille, koude land dat nooit bewoog.

Spitz stayed cold and cunning, even in his wildest moments.

Spitz bleef koud en sluw, zelfs in zijn wildste momenten.

He left the trail and crossed land where the creek curved wide.

Hij verliet het pad en stak het land over waar de beek een brede bocht maakte.

Buck, unaware of this, stayed on the rabbit's winding path.

Buck, die zich hiervan niet bewust was, bleef op het kronkelige pad van het konijn.

Then, as Buck rounded a bend, the ghost-like rabbit was before him.

Toen Buck om de bocht kwam, zag hij het spookachtige konijn voor zich.

He saw a second figure leap from the bank ahead of the prey.

Hij zag een tweede figuur vanaf de oever voor de prooi uit springen.

The figure was Spitz, landing right in the path of the fleeing rabbit.

Het figuur was Spitz en landde precies op de weg van het vluchtende konijn.

The rabbit could not turn and met Spitz's jaws in mid-air.

Het konijn kon zich niet omdraaien en stuitte in de lucht op de kaken van Spitz.

The rabbit's spine broke with a shriek as sharp as a dying human's cry.

De ruggengraat van het konijn brak met een gil die net zo hard klonk als de kreet van een stervende mens.

At that sound — the fall from life to death — the pack howled loud.

Bij dat geluid – de val van leven naar dood – begon de roedel luid te huilen.

A savage chorus rose from behind Buck, full of dark delight.

Achter Buck klonk een wild koor, vol duistere vreugde.

Buck gave no cry, no sound, and charged straight into Spitz.

Buck gaf geen kreet, maakte geen enkel geluid en stormde recht op Spitz af.

He aimed for the throat, but struck the shoulder instead.

Hij mikte op de keel, maar raakte in plaats daarvan de schouder.

They tumbled through soft snow; their bodies locked in combat.

Ze rolden door de zachte sneeuw, hun lichamen verwikkeld in een gevecht.

Spitz sprang up quickly, as if never knocked down at all.

Spitz sprong snel overeind, alsof hij nooit was neergeslagen.

He slashed Buck's shoulder, then leaped clear of the fight.

Hij sneed Buck in zijn schouder en sprong vervolgens weg van de strijd.

Twice his teeth snapped like steel traps, lips curled and fierce.

Twee keer klappen zijn tanden als stalen vallen, zijn lippen krullen en zijn woest.

He backed away slowly, seeking firm ground under his feet.

Hij deed langzaam een stap achteruit, op zoek naar vaste grond onder zijn voeten.

Buck understood the moment instantly and fully.

Buck begreep het moment meteen en volledig.

The time had come; the fight was going to be a fight to the death.

Het moment was gekomen; het zou een strijd op leven en dood worden.

The two dogs circled, growling, ears flat, eyes narrowed.

De twee honden cirkelden om elkaar heen, grommend, met platte oren en geknepen ogen.

Each dog waited for the other to show weakness or misstep.

Elke hond wachtte totdat de ander zwakte toonde of een misstap beging.

To Buck, the scene felt eerily known and deeply remembered.

Voor Buck voelde het tafereel vertrouwd en diep in zijn herinnering.

The white woods, the cold earth, the battle under moonlight.

De witte bossen, de koude aarde, de strijd in het maanlicht.

A heavy silence filled the land, deep and unnatural.

Een zware stilte vulde het land, diep en onnatuurlijk.

No wind stirred, no leaf moved, no sound broke the stillness.

Geen wind bewoog, geen blad bewoog, geen geluid verstoorde de stilte.

The dogs' breaths rose like smoke in the frozen, quiet air.

De adem van de honden steeg op als rook in de bevroren, stille lucht.

The rabbit was long forgotten by the pack of wild beasts.

Het konijn was al lang vergeten door de roedel wilde dieren.

These half-tamed wolves now stood still in a wide circle.

Deze halftamme wolven stonden nu in een wijde kring stil.

They were quiet, only their glowing eyes revealed their hunger.

Ze waren stil. Alleen hun gloeiende ogen verrieden hun honger.

Their breath drifted upward, watching the final fight begin.

Hun adem ging omhoog terwijl ze het laatste gevecht zagen beginnen.

To Buck, this battle was old and expected, not strange at all.

Voor Buck was dit een oud en verwacht gevecht, helemaal niet vreemd.

It felt like a memory of something always meant to happen.

Het voelde als een herinnering aan iets dat altijd al had moeten gebeuren.

Spitz was a trained fighting dog, honed by countless wild brawls.

Spitz was een getrainde vechthond, die zijn vaardigheden had ontwikkeld door talloze wilde gevechten.

From Spitzbergen to Canada, he had mastered many foes.

Van Spitsbergen tot Canada versloeg hij vele vijanden.

He was filled with fury, but never gave control to rage.

Hij was vervuld van woede, maar hij liet die woede nooit de vrije loop.

His passion was sharp, but always tempered by hard instinct.

Zijn passie was scherp, maar werd altijd getemperd door zijn harde instinct.

He never attacked until his own defense was in place.

Hij viel pas aan toen hij zichzelf had verdedigd.

Buck tried again and again to reach Spitz's vulnerable neck.

Buck probeerde keer op keer de kwetsbare nek van Spitz te bereiken.

But every strike was met by a slash from Spitz's sharp teeth.

Maar elke slag werd beantwoord met een snee van Spitz' scherpe tanden.

Their fangs clashed, and both dogs bled from torn lips.

Hun hoektanden raakten elkaar en beide honden bloedden uit hun gescheurde lippen.

No matter how Buck lunged, he couldn't break the defense.

Hoe Buck ook probeerde te scoren, hij kon de verdediging niet doorbreken.

He grew more furious, rushing in with wild bursts of power.

Hij werd steeds woedender en sprong met wilde krachtaanvallen op hem af.

Again and again, Buck struck for the white throat of Spitz.

Buck sloeg steeds weer naar de witte keel van Spitz.

Each time Spitz evaded and struck back with a slicing bite.

Iedere keer ontweek Spitz de aanval en sloeg terug met een snijdende beet.

Then Buck shifted tactics, rushing as if for the throat again.

Toen veranderde Buck van tactiek en greep hem opnieuw bij de keel.

But he pulled back mid-attack, turning to strike from the side.

Maar hij trok zich tijdens de aanval terug en draaide zich om om vanaf de zijkant aan te vallen.

He threw his shoulder into Spitz, aiming to knock him down.

Hij sloeg zijn schouder tegen Spitz aan in de hoop hem omver te werpen.

Each time he tried, Spitz dodged and countered with a slash.

Elke keer dat hij het probeerde, ontweek Spitz de aanval en counterde met een slag.

Buck's shoulder grew raw as Spitz leapt clear after every hit.

Bucks schouder werd pijnlijk omdat Spitz na elke klap wegsprong.

Spitz had not been touched, while Buck bled from many wounds.

Spitz was niet aangeraakt, terwijl Buck uit vele wonden bloedde.

Buck's breath came fast and heavy, his body slick with blood.

Buck haalde snel en zwaar adem. Zijn lichaam was nat van het bloed.

The fight turned more brutal with each bite and charge.

Het gevecht werd met iedere beet en aanval brutaler.

Around them, sixty silent dogs waited for the first to fall.

Om hen heen stonden zestig stille honden te wachten tot de eerste zou vallen.

If one dog dropped, the pack were going to finish the fight.

Als één hond zou vallen, zou de roedel het gevecht beëindigen.

Spitz saw Buck weakening, and began to press the attack.

Spitz zag dat Buck zwakker werd en zette de aanval in.

He kept Buck off balance, forcing him to fight for footing.

Hij hield Buck uit evenwicht en dwong hem om zijn evenwicht te bewaren.

Once Buck stumbled and fell, and all the dogs rose up.

Op een keer struikelde Buck en viel, en alle honden stonden op.

But Buck righted himself mid-fall, and everyone sank back down.

Maar Buck krabbelde halverwege zijn val weer overeind, en iedereen zakte weer in elkaar.

Buck had something rare—imagination born from deep instinct.

Buck had iets zeldzaams: verbeeldingskracht die voortkwam uit een diep instinct.

He fought by natural drive, but he also fought with cunning.

Hij vocht uit natuurlijke drang, maar hij vocht ook met sluwheid.

He charged again as if repeating his shoulder attack trick.

Hij stormde opnieuw af, alsof hij zijn schouderaanvalstruc herhaalde.

But at the last second, he dropped low and swept beneath Spitz.

Maar op het laatste moment dook hij laag en vloog onder Spitz door.

His teeth locked on Spitz's front left leg with a snap.

Zijn tanden klikten vast op Spitz' linker voorpoot.

Spitz now stood unsteady, his weight on only three legs.

Spitz stond nu wankel, zijn gewicht rustte op slechts drie poten.

Buck struck again, tried three times to bring him down.

Buck sloeg opnieuw toe en probeerde hem drie keer omver te werpen.

On the fourth attempt he used the same move with success

Bij de vierde poging gebruikte hij dezelfde beweging met succes

This time Buck managed to bite the right leg of Spitz.

Deze keer lukte het Buck om Spitz in zijn rechterpoot te bijten.

Spitz, though crippled and in agony, kept struggling to survive.

Spitz bleef vechten om te overleven, ook al was hij verlamd en leed hij veel pijn.

He saw the circle of huskies tighten, tongues out, eyes glowing.

Hij zag de kring van husky's kleiner worden, met hun tong uit hun bek en hun ogen stralend.

They waited to devour him, just as they had done to others.

Ze wachtten erop hem te verslinden, net zoals ze bij anderen hadden gedaan.

This time, he stood in the center; defeated and doomed.

Deze keer stond hij in het midden; verslagen en gedoemd.

There was no option to escape for the white dog now.

Voor de witte hond was er nu geen ontsnappingsmogelijkheid meer.

Buck showed no mercy, for mercy did not belong in the wild.

Buck toonde geen genade, want genade hoort niet thuis in de wildernis.

Buck moved carefully, setting up for the final charge.

Buck bewoog zich voorzichtig en maakte zich klaar voor de laatste aanval.

The circle of huskies closed in; he felt their warm breaths.

De kring van husky's sloot zich; hij voelde hun warme adem.

They crouched low, prepared to spring when the moment came.

Ze hurkten diep, klaar om te springen zodra het moment daar was.

Spitz quivered in the snow, snarling and shifting his stance.

Spitz trilde in de sneeuw, gromde en veranderde van houding.

His eyes glared, lips curled, teeth flashing in desperate threat.

Zijn ogen stonden fel, zijn lippen waren opgetrokken en zijn tanden stonden oog in oog met de dreiging van de dag.

He staggered, still trying to hold off the cold bite of death.

Hij wankelde en probeerde nog steeds de koude, dodelijke beet van zich af te houden.

He had seen this before, but always from the winning side.

Hij had dit al eerder gezien, maar altijd van de winnende kant.

Now he was on the losing side; the defeated; the prey; death.

Nu was hij aan de verliezende kant; de verslagene; de prooi; de dood.

Buck circled for the final blow, the ring of dogs pressed closer.

Buck draaide zich om voor de laatste slag, terwijl de kring honden steeds dichterbij kwam.

He could feel their hot breaths; ready for the kill.

Hij kon hun hete ademhaling voelen; klaar om te doden.

A stillness fell; all was in its place; time had stopped.

Er ontstond een stilte; alles viel op zijn plaats; de tijd stond stil.

Even the cold air between them froze for one last moment.

Zelfs de koude lucht tussen hen bevroor voor een laatste moment.

Only Spitz moved, trying to hold off his bitter end.

Alleen Spitz bewoog en probeerde zijn bittere einde te bedwingen.

The circle of dogs was closing in around him, as was his destiny.

De kring van honden sloot zich om hem heen, en dat was zijn lot.

He was desperate now, knowing what was about to happen.
Hij was nu wanhopig, want hij wist wat er ging gebeuren.
Buck sprang in, shoulder met shoulder one last time.
Buck sprong naar voren en raakte elkaars schouders nog een
keer.
The dogs surged forward, covering Spitz in the snowy dark.
De honden stormden naar voren en beschermden Spitz in de
duisternis van de sneeuw.
Buck watched, standing tall; the victor in a savage world.
Buck keek toe en stond rechtop; de overwinnaar in een barre
wereld.
**The dominant primordial beast had made its kill, and it was
good.**
Het dominante oerbeest had zijn prooi gevangen, en het was
goed.

He, Who Has Won to Mastership
Hij die het meesterschap heeft gewonnen

"Eh? What did I say? I speak true when I say Buck is a devil."

"Eh? Wat zei ik? Ik spreek de waarheid als ik zeg dat Buck een duivel is."

François said this the next morning after finding Spitz missing.

François zei dit de volgende ochtend nadat hij Spitz vermist had aangetroffen.

Buck stood there, covered with wounds from the vicious fight.

Buck stond daar, bedekt met wonden van het hevige gevecht.

François pulled Buck near the fire and pointed at the injuries.

François trok Buck naar het vuur en wees naar de verwondingen.

"That Spitz fought like the Devik," said Perrault, eyeing the deep gashes.

"Die Spitz vocht als een Devik," zei Perrault, terwijl hij naar de diepe wonden keek.

"And that Buck fought like two devils," François replied at once.

"En die Buck heeft gevochten als twee duivels," antwoordde François onmiddellijk.

"Now we will make good time; no more Spitz, no more trouble."

"Nu gaan we het goedmaken; geen Spitz meer, geen problemen meer."

Perrault was packing the gear and loaded the sled with care.

Perrault was bezig met het inpakken van de spullen en het zorgvuldig beladen van de slee.

François harnessed the dogs in preparation for the day's run.

François tuigde de honden in ter voorbereiding op de hardloopwedstrijd van die dag.

Buck trotted straight to the lead position once held by Spitz.

Buck draafde rechtstreeks naar de koppositie die ooit door Spitz werd bekleed.

But François, not noticing, led Solleks forward to the front.

Maar François merkte het niet en leidde Solleks naar voren.

In François's judgment, Solleks was now the best lead-dog.

Volgens François was Solleks nu de beste leider.

Buck sprang at Solleks in fury and drove him back in protest.

Buck sprong woedend op Solleks af en dwong hem uit protest terug.

He stood where Spitz once had stood, claiming the lead position.

Hij stond waar Spitz ooit had gestaan en eiste de leidende positie op.

"Eh? Eh?" cried François, slapping his thighs in amusement.

"Eh? Eh?" riep François, terwijl hij zich vermaakt op zijn dijen sloeg.

"Look at Buck—he killed Spitz, now he wants to take the job!"

"Kijk naar Buck, hij heeft Spitz vermoord en nu wil hij de baan!"

"Go away, Chook!" he shouted, trying to drive Buck away.

"Ga weg, Chook!" schreeuwde hij, terwijl hij probeerde Buck weg te jagen.

But Buck refused to move and stood firm in the snow.

Maar Buck weigerde te bewegen en bleef stevig in de sneeuw staan.

François grabbed Buck by the scruff, dragging him aside.

François greep Buck bij zijn nekvel en trok hem opzij.

Buck growled low and threateningly but did not attack.

Buck gromde zachtjes en dreigend, maar viel niet aan.

François put Solleks back in the lead, trying to settle the dispute

François bracht Solleks weer op voorsprong en probeerde het conflict te beslechten

The old dog showed fear of Buck and didn't want to stay.

De oude hond was bang voor Buck en wilde niet blijven.

When François turned his back, Buck drove Solleks out again.

Toen François zich omdraaide, joeg Buck Solleks weer weg.

Solleks did not resist and quietly stepped aside once more.

Solleks verzette zich niet en stapte opnieuw stilletjes opzij.

François grew angry and shouted, "By God, I fix you!"

François werd boos en schreeuwde: "Bij God, ik maak je beter!"

He came toward Buck holding a heavy club in his hand.

Hij liep op Buck af met een zware knuppel in zijn hand.

Buck remembered the man in the red sweater well.

Buck kon zich de man in de rode trui nog goed herinneren.

He retreated slowly, watching François, but growling deeply.

Hij liep langzaam achteruit, keek François aan en gromde diep.

He did not rush back, even when Solleks stood in his place.

Hij haastte zich niet terug, zelfs niet toen Solleks zijn plaats innam.

Buck circled just beyond reach, snarling in fury and protest.

Buck cirkelde net buiten hun bereik en gromde van woede en protest.

He kept his eyes on the club, ready to dodge if François threw.

Hij hield zijn ogen op de club gericht, klaar om te ontwijken als François zou gooien.

He had grown wise and wary in the ways of men with weapons.

Hij was wijzer en op zijn hoede geworden voor de gewoonten van mannen met wapens.

François gave up and called Buck to his former place again.

François gaf het op en riep Buck weer naar zijn oude plek.

But Buck stepped back cautiously, refusing to obey the order.

Maar Buck deed voorzichtig een stap achteruit en weigerde het bevel op te volgen.

François followed, but Buck only retreated a few steps more.

François volgde, maar Buck deed nog maar een paar stappen achteruit.

After some time, François threw the weapon down in frustration.

Na een tijdje gooide François uit frustratie het wapen op de grond.

He thought Buck feared a beating and was going to come quietly.

Hij dacht dat Buck bang was voor een pak slaag en stilletjes zou komen.

But Buck wasn't avoiding punishment—he was fighting for rank.

Maar Buck wilde zijn straf niet ontlopen; hij vocht voor zijn rang.

He had earned the lead-dog spot through a fight to the death

Hij had de leidende positie verdiend door een gevecht op leven en dood

he was not going to settle for anything less than being the leader.

Hij zou met niets minder genoegen nemen dan de leider.

Perrault took a hand in the chase to help catch the rebellious Buck.

Perrault bemoeide zich met de achtervolging om de opstandige Buck te vangen.

Together, they ran him around the camp for nearly an hour.

Samen renden ze hem bijna een uur lang rond in het kamp.

They hurled clubs at him, but Buck dodged each one skillfully.

Ze gooiden knuppels naar hem, maar Buck wist ze allemaal behendig te ontwijken.

They cursed him, his ancestors, his descendants, and every hair on him.

Ze vervloekten hem, zijn voorouders, zijn nakomelingen en elke haar op hem.

But Buck only snarled back and stayed just out of their reach.

Maar Buck grauwde alleen maar en bleef net buiten hun bereik.

He never tried to run away but circled the camp deliberately.

Hij probeerde nooit weg te rennen, maar liep doelbewust om het kamp heen.

He made it clear he was going to obey once they gave him what he wanted.

Hij maakte duidelijk dat hij zou gehoorzamen zodra ze hem gaven wat hij wilde.

François finally sat down and scratched his head in frustration.

François ging uiteindelijk zitten en krabde gefrustreerd aan zijn hoofd.

Perrault checked his watch, swore, and muttered about lost time.

Perrault keek op zijn horloge, vloekte en mompelde over de verloren tijd.

An hour had already passed when they should have been on the trail.

Er was al een uur verstreken terwijl ze eigenlijk al op pad hadden moeten zijn.

François shrugged sheepishly at the courier, who sighed in defeat.

François haalde verlegen zijn schouders op naar de koerier, die verslagen zuchtte.

Then François walked to Solleks and called out to Buck once more.

Toen liep François naar Solleks en riep nogmaals naar Buck.

Buck laughed like a dog laughs, but kept his cautious distance.

Buck lachte zoals een hond lacht, maar bleef op een voorzichtige afstand.

François removed Solleks's harness and returned him to his spot.

François deed het harnas van Solleks af en zette hem terug op zijn plek.

The sled team stood fully harnessed, with only one spot unfilled.

Het sleeteam stond volledig uitgerust, met slechts één plekje vrij.

The lead position remained empty, clearly meant for Buck alone.

De koppositie bleef leeg en was duidelijk alleen voor Buck bedoeld.

François called again, and again Buck laughed and held his ground.

François riep nog eens, en opnieuw lachte Buck en hield hij stand.

"Throw down the club," Perrault ordered without hesitation.

"Gooi de knuppel neer", beval Perrault zonder aarzeling.

François obeyed, and Buck immediately trotted forward proudly.

François gehoorzaamde en Buck draafde meteen trots naar voren.

He laughed triumphantly and stepped into the lead position.

Hij lachte triomfantelijk en nam de leiding over.

François secured his traces, and the sled was broken loose.

François stelde zijn sporen veilig en de slee brak los.

Both men ran alongside as the team raced onto the river trail.

Beide mannen renden naast elkaar toen het team richting het rivierpad rende.

François had thought highly of Buck's "two devils,"

François had een hoge dunk van Bucks "twee duivels",

but he soon realized he had actually underestimated the dog.

maar al snel besefte hij dat hij de hond eigenlijk had onderschat.

Buck quickly assumed leadership and performed with excellence.

Buck nam snel de leiding op zich en presteerde uitstekend.

In judgment, quick thinking, and fast action, Buck surpassed Spitz.

Buck overtrof Spitz qua oordeel, snelle denken en snelle actie.

François had never seen a dog equal to what Buck now displayed.

François had nog nooit een hond gezien die kon tippen aan wat Buck nu liet zien.

But Buck truly excelled in enforcing order and commanding respect.

Maar Buck blonk vooral uit in het handhaven van orde en het afdwingen van respect.

Dave and Solleks accepted the change without concern or protest.

Dave en Solleks accepteerden de verandering zonder zorgen of protest.

They focused only on work and pulling hard in the reins.

Ze concentreerden zich alleen op het werk en het hard aanhalen van de teugels.

They cared little who led, so long as the sled kept moving.

Het maakte hen niet uit wie de leiding had, zolang de slee maar bleef rijden.

Billee, the cheerful one, could have led for all they cared.

Billee, de vrolijke dame, had wat hen betreft de leiding kunnen nemen.

What mattered to them was peace and order in the ranks.

Wat voor hen telde, was vrede en orde in de gelederen.

The rest of the team had grown unruly during Spitz's decline.

De rest van het team was tijdens Spitz' achteruitgang onhandelbaar geworden.

They were shocked when Buck immediately brought them to order.

Ze waren geschokt toen Buck hen meteen tot orde riep.

Pike had always been lazy and dragging his feet behind Buck.

Pike was altijd lui en liep altijd achter Buck aan.

But now was sharply disciplined by the new leadership.

Maar nu werd hij streng aangepakt door de nieuwe leiding.

And he quickly learned to pull his weight in the team.

En hij leerde al snel hoe hij zijn steentje bij kon dragen aan het team.

By the end of the day, Pike worked harder than ever before.

Aan het eind van de dag werkte Pike harder dan ooit tevoren.

That night in camp, Joe, the sour dog, was finally subdued.

Die nacht in het kamp was Joe, de boze hond, eindelijk onder controle.

Spitz had failed to discipline him, but Buck did not fail.

Spitz had hem niet kunnen disciplineren, maar Buck faalde niet.

Using his greater weight, Buck overwhelmed Joe in seconds.

Met zijn grotere gewicht overmeesterde Buck Joe binnen enkele seconden.

He bit and battered Joe until he whimpered and ceased resisting.

Hij beet en sloeg Joe tot hij begon te janken en zich niet meer verzette.

The whole team improved from that moment on.

Vanaf dat moment ging het hele team vooruit.

The dogs regained their old unity and discipline.

De honden herwonnen hun oude eenheid en discipline.

At Rink Rapids, two new native huskies, Teek and Koona, joined.

Bij Rink Rapids sloten zich twee nieuwe inheemse husky's aan: Teek en Koona.

Buck's swift training of them astonished even François.

Zelfs François was verbaasd hoe snel Buck ze trainde.

"Never was there such a dog as that Buck!" he cried in amazement.

"Er is nog nooit zo'n hond geweest als die Buck!" riep hij verbaasd.

"No, never! He's worth one thousand dollars, by God!"

"Nee, nooit! Hij is duizend dollar waard, bij God!"

"Eh? What do you say, Perrault?" he asked with pride.

"Eh? Wat zeg je ervan, Perrault?" vroeg hij trots.

Perrault nodded in agreement and checked his notes.

Perrault knikte instemmend en controleerde zijn aantekeningen.

We're already ahead of schedule and gaining more each day.
We liggen al voor op schema en elke dag boeken we meer vooruitgang.

The trail was hard-packed and smooth, with no fresh snow.
Het pad was hard en glad, zonder verse sneeuw.

The cold was steady, hovering at fifty below zero throughout.
Het was voortdurend koud, met temperaturen rond de vijftig graden onder nul.

The men rode and ran in turns to keep warm and make time.
De mannen reden en renden om de beurt om warm te blijven en tijd te winnen.

The dogs ran fast with few stops, always pushing forward.
De honden renden snel, stopten maar zelden en duwden altijd vooruit.

The Thirty Mile River was mostly frozen and easy to travel across.
De Thirty Mile River was grotendeels bevroren en gemakkelijk over te steken.

They went out in one day what had taken ten days coming in.
Wat eerst tien dagen had geduurd, gingen ze in één dag weg.

They made a sixty-mile dash from Lake Le Barge to White Horse.
Ze legden een afstand van honderd kilometer af van Lake Le Barge naar White Horse.

Across Marsh, Tagish, and Bennett Lakes they moved incredibly fast.
Ze bewogen zich ongelooflijk snel over Marsh, Tagish en Bennett Lakes.

The running man towed behind the sled on a rope.
De rennende man werd aan een touw achter de slee getrokken.

On the last night of week two they got to their destination.

Op de laatste avond van de tweede week kwamen ze op hun bestemming aan.

They had reached the top of White Pass together.

Ze bereikten samen de top van White Pass.

They dropped down to sea level with Skaguay's lights below them.

Ze daalden af naar zeeniveau, met de lichten van Skaguay onder zich.

It had been a record-setting run across miles of cold wilderness.

Het was een recordbrekende tocht door kilometers koude wildernis.

For fourteen days straight, they averaged a strong forty miles.

Veertien dagen lang legden ze gemiddeld ruim 64 kilometer af.

In Skaguay, Perrault and François moved cargo through town.

In Skaguay vervoerden Perrault en François vracht door de stad.

They were cheered and offered many drinks by admiring crowds.

Ze werden toegejuicht en kregen veel drankjes aangeboden door de bewonderende menigte.

Dog-busters and workers gathered around the famous dog team.

Hondenbestrijders en werklieden verzamelden zich rond het beroemde hondenspan.

Then western outlaws came to town and met violent defeat.

Toen kwamen er criminelen uit het westen naar de stad en zij leden een zware nederlaag.

The people soon forgot the team and focused on new drama.

Al snel vergaten de mensen het team en richtten zich op het nieuwe drama.

Then came the new orders that changed everything at once.

Toen kwamen er nieuwe bevelen die alles in één keer veranderden.

François called Buck to him and hugged him with tearful pride.

François riep Buck bij zich en omhelsde hem met tranen in zijn ogen en trots.

That moment was the last time Buck ever saw François again.

Dat moment was de laatste keer dat Buck François nog zag.

Like many men before, both François and Perrault were gone.

Net als veel mannen daarvoor waren François en Perrault verdwenen.

A Scotch half-breed took charge of Buck and his sled dog teammates.

Een Schotse halfbloed nam de leiding over Buck en zijn sledehondencollega's.

With a dozen other dog teams, they returned along the trail to Dawson.

Samen met nog een tiental andere hondenteams keerden ze over het pad terug naar Dawson.

It was no fast run now—just heavy toil with a heavy load each day.

Het was nu geen snelle run meer, maar gewoon zwaar werk met een zware last elke dag.

This was the mail train, bringing word to gold hunters near the Pole.

Dit was de posttrein die berichten bracht naar goudzoekers in de buurt van de Noordpool.

Buck disliked the work but bore it well, taking pride in his effort.

Buck vond het werk niet leuk, maar hij verdroeg het goed en was trots op zijn inzet.

Like Dave and Solleks, Buck showed devotion to every daily task.

Net als Dave en Solleks toonde Buck toewijding aan elke dagelijkse taak.

He made sure his teammates each pulled their fair weight.

Hij zorgde ervoor dat al zijn teamgenoten hun steentje bijdroegen.

Trail life became dull, repeated with the precision of a machine.

Het leven op de paden werd saai en herhaalde zich met de precisie van een machine.

Each day felt the same, one morning blending into the next.

Elke dag voelde hetzelfde, de ene ochtend liep over in de andere.

At the same hour, the cooks rose to build fires and prepare food.

Op hetzelfde uur begonnen de koks met het stoken van vuren en het bereiden van het eten.

After breakfast, some left camp while others harnessed the dogs.

Na het ontbijt verlieten sommigen het kamp, terwijl anderen de honden inspanden.

They hit the trail before the dim warning of dawn touched the sky.

Ze bereikten het pad nog voordat de schemering de hemel bereikte.

At night, they stopped to make camp, each man with a set duty.

's Nachts stopten ze om hun kamp op te zetten. Iedere man had een vaste taak.

Some pitched the tents, others cut firewood and gathered pine boughs.

Sommigen zetten hun tenten op, anderen hakten brandhout en verzamelden dennentakken.

Water or ice was carried back to the cooks for the evening meal.

Voor het avondmaal werd er water of ijs naar de koks gebracht.

The dogs were fed, and this was the best part of the day for them.

De honden kregen eten en voor hen was dit het beste moment van de dag.

After eating fish, the dogs relaxed and lounged near the fire.

Nadat ze vis hadden gegeten, ontspanden de honden zich bij het vuur.

There were a hundred other dogs in the convoy to mingle with.

Er waren nog honderd andere honden in het konvooi waarmee ze konden omgaan.

Many of those dogs were fierce and quick to fight without warning.

Veel van die honden waren fel en gingen zonder waarschuwing meteen vechten.

But after three wins, Buck mastered even the fiercest fighters.

Maar na drie overwinningen was Buck zelfs de meest geduchte vechters de baas.

Now when Buck growled and showed his teeth, they stepped aside.

Toen Buck gromde en zijn tanden liet zien, deden ze een stap opzij.

Perhaps best of all, Buck loved lying near the flickering campfire.

Het allerleukste was misschien nog wel dat Buck het heerlijk vond om bij het knisperende kampvuur te liggen.

He crouched with hind legs tucked and front legs stretched ahead.

Hij hurkte neer met zijn achterpoten ingetrokken en zijn voorpoten naar voren gestrekt.

His head was raised as he blinked softly at the glowing flames.

Hij hief zijn hoofd op en knipperde zachtjes met zijn ogen naar de gloeiende vlammen.

Sometimes he recalled Judge Miller's big house in Santa Clara.

Soms dacht hij aan het grote huis van rechter Miller in Santa Clara.

He thought of the cement pool, of Ysabel, and the pug called Toots.

Hij dacht aan het betonnen zwembad, aan Ysabel en aan de mopshond Toots.

But more often he remembered the man with the red sweater's club.

Maar vaker dacht hij aan de man met de knots van de rode trui.

He remembered Curly's death and his fierce battle with Spitz.

Hij herinnerde zich de dood van Krullend en zijn hevige strijd met Spitz.

He also recalled the good food he had eaten or still dreamed of.

Hij dacht ook terug aan het lekkere eten dat hij had gegeten of waarvan hij nog droomde.

Buck was not homesick—the warm valley was distant and unreal.

Buck had geen heimwee: de warme vallei was ver weg en onwerkelijk.

Memories of California no longer held any real pull over him.

De herinneringen aan Californië hadden geen enkele aantrekkingskracht meer op hem.

Stronger than memory were instincts deep in his bloodline.

Sterker dan zijn herinnering waren de instincten diep in zijn bloedlijn.

Habits once lost had returned, revived by the trail and the wild.

Gewoontes die ooit verloren waren gegaan, kwamen terug, nieuw leven ingeblazen door het pad en de wildernis.

As Buck watched the firelight, it sometimes became something else.

Terwijl Buck naar het vuurlicht keek, veranderde het soms in iets anders.

He saw in the firelight another fire, older and deeper than the present one.

Hij zag in het vuurschijnsel een ander vuur, ouder en dieper dan het huidige vuur.

Beside that other fire crouched a man unlike the half-breed cook.

Naast dat andere vuur hurkte een man, die heel anders was dan de halfbloedkok.

This figure had short legs, long arms, and hard, knotted muscles.

Deze figuur had korte benen, lange armen en harde, geknoopte spieren.

His hair was long and matted, sloping backward from the eyes.

Zijn haar was lang en klittig en hing achter zijn ogen.

He made strange sounds and stared out in fear at the darkness.

Hij maakte vreemde geluiden en staarde angstig in de duisternis.

He held a stone club low, gripped tightly in his long rough hand.

Hij hield een stenen knuppel stevig vast in zijn lange, ruwe hand.

The man wore little; just a charred skin that hung down his back.

De man droeg weinig, alleen een verkoolde huid die over zijn rug hing.

His body was covered with thick hair across arms, chest, and thighs.

Zijn lichaam was bedekt met dik haar op zijn armen, borst en dijen.

Some parts of the hair were tangled into patches of rough fur.

Sommige delen van het haar zaten verstrengeld in stukken ruwe vacht.

He did not stand straight but bent forward from the hips to knees.

Hij stond niet rechtop, maar boog voorover van zijn heupen tot zijn knieën.

His steps were springy and catlike, as if always ready to leap.

Zijn stappen waren veerkrachtig en als van een kat, alsof hij altijd klaar was om te springen.

There was a sharp alertness, like he lived in constant fear.

Er heerste een scherpe alertheid, alsof hij in voortdurende angst leefde.

This ancient man seemed to expect danger, whether the danger was seen or not.

Deze oude man leek gevaar te verwachten, of hij het gevaar nu zag of niet.

At times the hairy man slept by the fire, head tucked between legs.

Soms sliep de harige man bij het vuur, met zijn hoofd tussen zijn benen.

His elbows rested on his knees, hands clasped above his head.

Zijn ellebogen rustten op zijn knieën en zijn handen waren boven zijn hoofd gevouwen.

Like a dog he used his hairy arms to shed off the falling rain.

Als een hond gebruikte hij zijn harige armen om de vallende regen van zich af te schudden.

Beyond the firelight, Buck saw twin coals glowing in the dark.

Buiten het schijnsel van het vuur zag Buck twee gloeiende kooltjes in het donker.

Always two by two, they were the eyes of stalking beasts of prey.

Altijd twee aan twee, vormden ze de ogen van sluipende roofdieren.

He heard bodies crash through brush and sounds made in the night.

Hij hoorde lichamen door het struikgewas breken en hij hoorde geluiden in de nacht.

Lying on the Yukon bank, blinking, Buck dreamed by the fire.

Buck lag knipperend op de oever van de Yukon en droomde bij het vuur.

The sights and sounds of that wild world made his hair stand up.

De aanblik en de geluiden van die wilde wereld bezorgden hem kippenvel.

The fur rose along his back, his shoulders, and up his neck.

De vacht reikte tot op zijn rug, zijn schouders en zijn nek.

He whimpered softly or gave a low growl deep in his chest.

Hij jankte zachtjes of gromde diep in zijn borst.

Then the half-breed cook shouted, "Hey, you Buck, wake up!"

Toen riep de halfbloedkok: "Hé, jij Buck, word wakker!"

The dream world vanished, and real life returned to Buck's eyes.

De droomwereld verdween en Buck zag weer het echte leven.

He was going to get up, stretch, and yawn, as if woken from a nap.

Hij stond op, strekte zich uit en gaapte, alsof hij uit een dutje was ontwaakt.

The trip was hard, with the mail sled dragging behind them.

De tocht was zwaar, met de postslee die achter hen aan sleepte.

Heavy loads and tough work wore down the dogs each long day.

Zware lasten en zwaar werk waren voor de honden iedere dag weer een uitdaging.

They reached Dawson thin, tired, and needing over a week's rest.

Ze kwamen uitgeput en moe aan in Dawson, en hadden meer dan een week rust nodig.

But only two days later, they set out down the Yukon again.

Maar slechts twee dagen later voeren ze opnieuw de Yukon op.

They were loaded with more letters bound for the outside world.

Ze waren geladen met nog meer brieven bestemd voor de buitenwereld.

The dogs were exhausted and the men were complaining constantly.
De honden waren uitgeput en de mannen klaagden voortdurend.
Snow fell every day, softening the trail and slowing the sleds.
Er viel elke dag sneeuw, waardoor het pad zachter werd en de sleden langzamer gingen rijden.
This made for harder pulling and more drag on the runners.
Dit zorgde ervoor dat er harder getrokken moest worden en er meer weerstand was voor de lopers.
Despite that, the drivers were fair and cared for their teams.
Desondanks waren de coureurs eerlijk en zorgden ze goed voor hun teams.
Each night, the dogs were fed before the men got to eat.
Elke avond werden de honden gevoerd, voordat de mannen aan de beurt waren.
No man slept before checking the feet of his own dog's.
Niemand sliep voordat hij de poten van zijn eigen hond had gecontroleerd.
Still, the dogs grew weaker as the miles wore on their bodies.
Toch werden de honden zwakker naarmate de kilometers vorderden.
They had traveled eighteen hundred miles through the winter.
Ze hadden achttienhonderd mijl afgelegd tijdens de winter.
They pulled sleds across every mile of that brutal distance.
Ze trokken sleden over elke kilometer van die verschrikkelijke afstand.
Even the toughest sled dogs feel strain after so many miles.
Zelfs de sterkste sledehonden voelen spanning na zoveel kilometers.
Buck held on, kept his team working, and maintained discipline.
Buck hield vol, hield zijn team aan het werk en handhaafde de discipline.

But Buck was tired, just like the others on the long journey.
Maar Buck was moe, net als de anderen op de lange reis.

Billee whimpered and cried in his sleep each night without fail.
Billee jankte en huilde iedere nacht onophoudelijk in zijn slaap.

Joe grew even more bitter, and Solleks stayed cold and distant.
Joe werd steeds bitterder en Solleks bleef koud en afstandelijk.

But it was Dave who suffered the worst out of the entire team.
Maar van het hele team was het vooral Dave die het zwaarst te verduren kreeg.

Something had gone wrong inside him, though no one knew what.
Er was iets misgegaan in hem, maar niemand wist wat.

He became moodier and snapped at others with growing anger.
Hij werd humeuriger en viel anderen steeds bozer aan.

Each night he went straight to his nest, waiting to be fed.
Elke avond ging hij rechtstreeks naar zijn nest, wachtend om gevoed te worden.

Once he was down, Dave did not get up again till morning.
Toen Dave eenmaal gevallen was, stond hij pas de volgende ochtend weer op.

On the reins, sudden jerks or starts made him cry out in pain.
Plotselinge rukken en schokken aan de teugels zorgden ervoor dat hij het uitschreeuwde van de pijn.

His driver searched for the cause, but found no injury on him.
Zijn chauffeur zocht naar de oorzaak, maar vond geen verwondingen bij hem.

All the drivers began watching Dave and discussed his case.
Alle chauffeurs keken naar Dave en bespraken zijn zaak.

They talked at meals and during their final smoke of the day.

Ze praatten tijdens de maaltijden en tijdens hun laatste sigaret van de dag.

One night they held a meeting and brought Dave to the fire.

Op een avond hielden ze een vergadering en namen Dave mee naar het vuur.

They pressed and probed his body, and he cried out often.

Ze drukten en onderzochten zijn lichaam, en hij schreeuwde voortdurend.

Clearly, something was wrong, though no bones seemed broken.

Er was duidelijk iets mis, al leken er geen botten gebroken te zijn.

By the time they reached Cassiar Bar, Dave was falling down.

Tegen de tijd dat ze Cassiar Bar bereikten, begon Dave te vallen.

The Scotch half-breed called a halt and removed Dave from the team.

De Schotse halfbloed hield ermee op en haalde Dave uit het team.

He fastened Solleks in Dave's place, closest to the sled's front.

Hij bevestigde Solleks op de plek van Dave, het dichtst bij de voorkant van de slee.

He meant to let Dave rest and run free behind the moving sled.

Hij wilde Dave laten uitrusten en vrij achter de rijdende slee laten rondrennen.

But even sick, Dave hated being taken from the job he had owned.

Maar zelfs als Dave ziek was, vond hij het vreselijk om ontslagen te worden uit zijn oude baan.

He growled and whimpered as the reins were pulled from his body.

Hij gromde en jankte toen de teugels van zijn lichaam werden getrokken.

When he saw Solleks in his place, he cried with broken-hearted pain.

Toen hij zag dat Solleks in zijn plaats was, huilde hij van gebroken pijn.

The pride of trail work was deep in Dave, even as death approached.

Dave voelde een diepe trots voor het werk dat hij deed, zelfs toen de dood naderde.

As the sled moved, Dave floundered through soft snow near the trail.

Terwijl de slee voortbewoog, strompelde Dave door de zachte sneeuw vlak bij het pad.

He attacked Solleks, biting and pushing him from the sled's side.

Hij viel Solleks aan, beet hem en duwde hem van de zijkant van de slee.

Dave tried to leap into the harness and reclaim his working spot.

Dave probeerde in het harnas te springen en zijn werkplek terug te krijgen.

He yelped, whined, and cried, torn between pain and pride in labor.

Hij gilde, jammerde en huilde, verscheurd tussen de pijn en de trots van de bevalling.

The half-breed used his whip to try driving Dave away from the team.

De halfbloed probeerde Dave met zijn zweep bij het team weg te jagen.

But Dave ignored the lash, and the man couldn't strike him harder.

Maar Dave negeerde de zweepslagen en de man kon hem niet harder slaan.

Dave refused the easier path behind the sled, where snow was packed.

Dave weigerde het gemakkelijkere pad achter de slee te nemen, waar veel sneeuw lag.

Instead, he struggled in the deep snow beside the trail, in misery.

In plaats daarvan worstelde hij zich ellendig voort in de diepe sneeuw naast het pad.

Eventually, Dave collapsed, lying in the snow and howling in pain.

Uiteindelijk zakte Dave in elkaar. Hij lag in de sneeuw en schreeuwde van de pijn.

He cried out as the long train of sleds passed him one by one.

Hij schreeuwde het uit toen de lange rij sleden hem één voor één passeerde.

Still, with what strength remained, he rose and stumbled after them.

Toch stond hij, met de kracht die hem nog restte, op en strompelde achter hen aan.

He caught up when the train stopped again and found his old sled.

Toen de trein weer stopte, haalde hij hem in en vond zijn oude slee.

He floundered past the other teams and stood beside Solleks again.

Hij liep langs de andere teams en ging weer naast Solleks staan.

As the driver paused to light his pipe, Dave took his last chance.

Terwijl de chauffeur stopte om zijn pijp op te steken, greep Dave zijn laatste kans.

When the driver returned and shouted, the team didn't move forward.

Toen de chauffeur terugkwam en begon te schreeuwen, kwam het team niet verder.

The dogs had turned their heads, confused by the sudden stoppage.

De honden hadden hun kop omgedraaid, verward door de plotselinge stilstand.

The driver was shocked too — the sled hadn't moved an inch forward.

Ook de bestuurder was geschokt: de slee was geen centimeter vooruit gekomen.

He called out to the others to come and see what had happened.

Hij riep de anderen om te komen kijken wat er gebeurd was.

Dave had chewed through Solleks's reins, breaking both apart.

Dave had de teugels van Solleks doorgebeten en beide paarden waren kapot.

Now he stood in front of the sled, back in his rightful position.

Nu stond hij voor de slee, weer op de plek waar hij hoorde.

Dave looked up at the driver, silently pleading to stay in the traces.

Dave keek op naar de bestuurder en smeekte hem in stilte om in het spoor te blijven.

The driver was puzzled, unsure of what to do for the struggling dog.

De chauffeur was in verwarring en wist niet wat hij met de worstelende hond moest doen.

The other men spoke of dogs who had died from being taken out.

De andere mannen vertelden over honden die waren gestorven toen ze werden uitgelaten.

They told of old or injured dogs whose hearts broke when left behind.

Ze vertelden over oude of gewonde honden, wier hart brak toen ze achtergelaten werden.

They agreed it was mercy to let Dave die while still in his harness.

Ze waren het erover eens dat het genade was om Dave te laten sterven terwijl hij nog in zijn harnas zat.

He was fastened back onto the sled, and Dave pulled with pride.

Hij werd weer op de slee vastgemaakt en Dave trok er met trots aan.

Though he cried out at times, he worked as if pain could be ignored.

Hoewel hij af en toe schreeuwde, deed hij alsof de pijn genegeerd kon worden.

More than once he fell and was dragged before rising again.

Hij viel meerdere keren en werd meegesleurd voordat hij weer opstond.

Once, the sled rolled over him, and he limped from that moment on.

Op een gegeven moment rolde de slee over hem heen en vanaf dat moment liep hij mank.

Still, he worked until camp was reached, and then lay by the fire.

Toch werkte hij door tot het kamp bereikt was en daarna ging hij bij het vuur liggen.

By morning, Dave was too weak to travel or even stand upright.

Tegen de ochtend was Dave te zwak om te reizen of zelfs maar rechtop te staan.

At harness-up time, he tried to reach his driver with trembling effort.

Terwijl hij zijn harnas omdeed, probeerde hij met trillende kracht zijn chauffeur te bereiken.

He forced himself up, staggered, and collapsed onto the snowy ground.

Hij dwong zichzelf om overeind te komen, wankelde en stortte neer op de besneeuwde grond.

Using his front legs, he dragged his body toward the harnessing area.

Met zijn voorpoten sleepte hij zijn lichaam richting het tuiggebied.

He hitched himself forward, inch by inch, toward the working dogs.

Hij kroop vooruit, centimeter voor centimeter, in de richting van de werkhonden.

His strength gave out, but he kept moving in his last desperate push.

Zijn krachten begaven het, maar hij bleef doorgaan in zijn laatste wanhopige poging.

His teammates saw him gasping in the snow, still longing to join them.

Zijn teamgenoten zagen hem naar adem snakken in de sneeuw en verlangden ernaar om zich bij hen te voegen.

They heard him howling with sorrow as they left the camp behind.

Ze hoorden hem huilen van verdriet toen ze het kamp achter zich lieten.

As the team vanished into trees, Dave's cry echoed behind them.

Terwijl het team tussen de bomen verdween, klonk de echo van Dave's geroep achter hen.

The sled train halted briefly after crossing a stretch of river timber.

De sleetrein stopte even nadat hij een stuk rivierbos was overgestoken.

The Scotch half-breed walked slowly back toward the camp behind.

De Schotse halfbloed liep langzaam terug naar het kamp erachter.

The men stopped speaking when they saw him leave the sled train.

De mannen hielden op met praten toen ze hem uit de sleebaan zagen stappen.

Then a single gunshot rang out clear and sharp across the trail.

Toen klonk er een enkel schot, duidelijk en scherp, over het pad.

The man returned quickly and took up his place without a word.

De man kwam snel terug en nam zonder een woord zijn plaats in.

Whips cracked, bells jingled, and the sleds rolled on through snow.

Zwepen knalden, bellen rinkelden en de sleden rolden door de sneeuw.

But Buck knew what had happened—and so did every other dog.

Maar Buck wist wat er gebeurd was, en alle andere honden ook.

The Toil of Reins and Trail
De arbeid van teugels en pad

Thirty days after leaving Dawson, the Salt Water Mail reached Skaguay.

Dertig dagen nadat ze Dawson hadden verlaten, bereikte de Salt Water Mail Skaguay.

Buck and his teammates pulled the lead, arriving in pitiful condition.

Buck en zijn teamgenoten namen de leiding en arriveerden in erbarmelijke toestand.

Buck had dropped from one hundred forty to one hundred fifteen pounds.

Buck was van honderdveertig naar honderdvijftien kilo afgevallen.

The other dogs, though smaller, had lost even more body weight.

De andere honden waren weliswaar kleiner, maar ze waren nog meer afgevallen.

Pike, once a fake limper, now dragged a truly injured leg behind him.

Pike, die ooit een nep-limper was, sleepte nu een echt geblesseerd been achter zich aan.

Solleks was limping badly, and Dub had a wrenched shoulder blade.

Solleks liep erg mank en Dub had een schouderbladblessure.

Every dog in the team was footsore from weeks on the frozen trail.

Alle honden in het team hadden last van hun voeten door de wekenlange tocht over het bevroren pad.

They had no spring left in their steps, only slow, dragging motion.

Hun stappen waren niet meer veerkrachtig, ze bewogen alleen nog maar langzaam en slepend.

Their feet hit the trail hard, each step adding more strain to their bodies.

Hun voeten komen hard op het pad terecht en elke stap zorgt voor meer belasting van hun lichaam.

They were not sick, only drained beyond all natural recovery.

Ze waren niet ziek, maar wel zo uitgeput dat ze niet meer op natuurlijke wijze konden herstellen.

This was not tiredness from one hard day, cured with a night's rest.

Dit was niet de vermoeidheid van één zware dag, verholpen door een nachtrust.

It was exhaustion built slowly through months of grueling effort.

Het was een uitputting die zich langzaam opbouwde door maandenlange, zware inspanningen.

No reserve strength remained—they had used up every bit they had.

Er was geen reservemacht meer over, ze hadden alles wat ze hadden opgebruikt.

Every muscle, fiber, and cell in their bodies was spent and worn.

Elke spier, vezel en cel in hun lichaam was uitgeput en versleten.

And there was a reason—they had covered twenty-five hundred miles.

En daar was een reden voor: ze hadden ruim 4000 kilometer afgelegd.

They had rested only five days during the last eighteen hundred miles.

Tijdens de laatste achttienhonderd mijl hadden ze slechts vijf dagen rust gehad.

When they reached Skaguay, they looked barely able to stand upright.

Toen ze Skaguay bereikten, konden ze nauwelijks rechtop staan.

They struggled to keep the reins tight and stay ahead of the sled.

Ze hadden moeite om de teugels strak te houden en voor de slee te blijven.

On downhill slopes, they only managed to avoid being run over.

Op de afdaling konden ze alleen ontkomen aan aanrijdingen.

"March on, poor sore feet," the driver said as they limped along.

"Loop maar door, arme, pijnlijke voeten," zei de chauffeur terwijl ze mank voortliepen.

"This is the last stretch, then we all get one long rest, for sure."

"Dit is het laatste stuk, daarna krijgen we allemaal nog een lange rustpauze, dat is zeker."

"One truly long rest," he promised, watching them stagger forward.

"Eén echt lange rustpauze," beloofde hij, terwijl hij toekeek hoe ze strompelend verder liepen.

The drivers expected they were going to now get a long, needed break.

De chauffeurs verwachtten dat ze nu een lange, broodnodige pauze zouden krijgen.

They had traveled twelve hundred miles with only two days' rest.

Ze hadden twintighonderd kilometer afgelegd en hadden slechts twee dagen rust gehad.

By fairness and reason, they felt they had earned time to relax.

Eerlijkheidshalve vonden ze dat ze tijd hadden verdiend om te ontspannen.

But too many had come to the Klondike, and too few had stayed home.

Maar er waren te veel mensen naar de Klondike gekomen en te weinig mensen waren thuisgebleven.

Letters from families flooded in, creating piles of delayed mail.

Er stroomden brieven van families binnen, waardoor er stapels post ontstonden die te laat waren bezorgd.

Official orders arrived—new Hudson Bay dogs were going to take over.

Er kwamen officiële bevelen binnen: nieuwe Hudson Bay-honden zouden het overnemen.

The exhausted dogs, now called worthless, were to be disposed of.

De uitgeputte honden, die nu waardeloos werden genoemd, moesten worden afgevoerd.

Since money mattered more than dogs, they were going to be sold cheaply.

Omdat geld belangrijker was dan honden, moesten ze goedkoop verkocht worden.

Three more days passed before the dogs felt just how weak they were.

Er gingen nog eens drie dagen voorbij voordat de honden beseften hoe zwak ze waren.

On the fourth morning, two men from the States bought the whole team.

Op de vierde ochtend kochten twee mannen uit de Verenigde Staten het hele team.

The sale included all the dogs, plus their worn harness gear.

De verkoop omvatte alle honden, inclusief hun versleten tuig.

The men called each other "Hal" and "Charles" as they completed the deal.

De mannen noemden elkaar 'Hal' en 'Charles' toen ze de deal rond hadden.

Charles was middle-aged, pale, with limp lips and fierce mustache tips.

Charles was van middelbare leeftijd, bleek, had slappe lippen en een opvallend lange snor.

Hal was a young man, maybe nineteen, wearing a cartridge-stuffed belt.

Hal was een jongeman, misschien negentien jaar oud, die een riem droeg die gevuld was met patronen.

The belt held a big revolver and a hunting knife, both unused.

Aan de riem zaten een grote revolver en een jachtmes, beide ongebruikt.

It showed how inexperienced and unfit he was for northern life.

Het toonde aan hoe onervaren en ongeschikt hij was voor het leven in het noorden.

Neither man belonged in the wild; their presence defied all reason.

Geen van beide mannen hoorde in de wildernis thuis; hun aanwezigheid tartte alle rede.

Buck watched as money exchanged hands between buyer and agent.

Buck keek toe hoe er geld werd uitgewisseld tussen de koper en de makelaar.

He knew the mail-train drivers were leaving his life like the rest.

Hij wist dat de postmachinisten net als de rest van zijn leven een einde aan zijn leven zouden maken.

They followed Perrault and François, now gone beyond recall.

Ze volgden Perrault en François, die inmiddels onherroepelijk verdwenen waren.

Buck and the team were led to their new owners' sloppy camp.

Buck en het team werden naar het slordige kamp van hun nieuwe eigenaren geleid.

The tent sagged, dishes were dirty, and everything lay in disarray.

De tent was verzakt, de vaat was vies en alles lag in de war.

Buck noticed a woman there too—Mercedes, Charles's wife and Hal's sister.

Buck zag daar ook een vrouw: Mercedes, de vrouw van Charles en de zus van Hal.

They made a complete family, though far from suited to the trail.

Ze vormden een compleet gezin, maar waren verre van geschikt voor de tocht.

Buck watched nervously as the trio started packing the supplies.

Buck keek nerveus toe hoe het drietal begon met het inpakken van de spullen.

They worked hard but without order—just fuss and wasted effort.

Ze werkten hard, maar zonder orde: alleen maar gedoe en verspilde moeite.

The tent was rolled into a bulky shape, far too large for the sled.

De tent was opgerold tot een omvangrijk geheel, veel te groot voor de slee.

Dirty dishes were packed without being cleaned or dried at all.

Vuile vaat werd ingepakt zonder dat het werd schoongemaakt of gedroogd.

Mercedes fluttered about, constantly talking, correcting, and meddling.

Mercedes fladderde heen en weer, voortdurend pratend, corrigerend en bemoeiend.

When a sack was placed on front, she insisted it go on the back.

Toen er een zak op de voorkant werd gelegd, stond ze erop dat deze op de achterkant werd gelegd.

She packed the sack in the bottom, and the next moment she needed it.

Ze stopte de zak onderin, en het volgende moment had ze hem nodig.

So the sled was unpacked again to reach the one specific bag.

Dus werd de slee weer uitgepakt om die ene specifieke tas te pakken.

Nearby, three men stood outside a tent, watching the scene unfold.

Vlakbij stonden drie mannen voor een tent en keken naar het tafereel.

They smiled, winked, and grinned at the newcomers' obvious confusion.

Ze glimlachten, knipoogden en grijnsden om de duidelijke verwarring van de nieuwkomers.

"You've got a right heavy load already," said one of the men.

"Je hebt al een zware last te dragen", zei een van de mannen.

"I don't think you should carry that tent, but it's your choice."

"Ik denk niet dat jij die tent moet dragen, maar het is jouw keuze."

"Undreamed of!" cried Mercedes, throwing up her hands in despair.

"Ongekend!" riep Mercedes, terwijl ze haar handen in wanhoop in de lucht gooide.

"How could I possibly travel without a tent to stay under?"

"Hoe zou ik ooit kunnen reizen zonder een tent om onder te overnachten?"

"It's springtime—you won't see cold weather again," the man replied.

"Het is lente, het zal niet meer koud zijn", antwoordde de man.

But she shook her head, and they kept piling items onto the sled.

Maar ze schudde haar hoofd, en ze bleven maar spullen op de slee stapelen.

The load towered dangerously high as they added the final things.

Toen ze de laatste dingen toevoegden, was de lading gevaarlijk hoog.

"Think the sled will ride?" asked one of the men with a skeptical look.

"Denk je dat de slee zal rijden?" vroeg een van de mannen met een sceptische blik.

"Why shouldn't it?" Charles snapped back with sharp annoyance.

"Waarom zou dat niet?", snauwde Charles met scherpe ergernis terug.

"Oh, that's all right," the man said quickly, backing away from offense.

"Oh, dat is goed," zei de man snel, terwijl hij zich terugtrok om niet beledigd te worden.

"I was only wondering—it just looked a bit too top-heavy to me."

"Ik vroeg het me alleen af, het leek me gewoon een beetje te topzwaar."

Charles turned away and tied down the load as best as he could.

Charles draaide zich om en bond de lading zo goed mogelijk vast.

But the lashings were loose and the packing poorly done overall.

Maar de bevestigingen zaten los en de verpakking was over het geheel genomen slecht uitgevoerd.

"Sure, the dogs will pull that all day," another man said sarcastically.

"Ja hoor, de honden trekken daar de hele dag aan", zei een andere man sarcastisch.

"Of course," Hal replied coldly, grabbing the sled's long gee-pole.

"Natuurlijk," antwoordde Hal koud, terwijl hij de lange stok van de slee greep.

With one hand on the pole, he swung the whip in the other.

Met één hand op de paal zwaaide hij met de andere hand de zweep.

"Let's go!" he shouted. "Move it!" urging the dogs to start.

"Kom op!" riep hij. "Schuif op!" en spoorde de honden aan om te beginnen.

The dogs leaned into the harness and strained for a few moments.

De honden leunden een paar ogenblikken tegen het tuig aan en spanden zich in.

Then they stopped, unable to budge the overloaded sled an inch.

Toen stopten ze, ze konden de overbelaste slee geen centimeter bewegen.

"The lazy brutes!" Hal yelled, lifting the whip to strike them.

"Die luie beesten!" schreeuwde Hal, terwijl hij de zweep ophief om ze te slaan.

But Mercedes rushed in and seized the whip from Hal's hands.

Maar Mercedes stormde naar binnen en greep de zweep uit Hals handen.

"Oh, Hal, don't you dare hurt them," she cried in alarm.

"Oh, Hal, durf ze geen pijn te doen," riep ze geschrokken.

"Promise me you'll be kind to them, or I won't go another step."

"Beloof me dat je aardig voor ze zult zijn, anders ga ik geen stap verder."

"You don't know a thing about dogs," Hal snapped at his sister.

"Jij weet helemaal niets over honden," snauwde Hal tegen zijn zus.

"They're lazy, and the only way to move them is to whip them."

"Ze zijn lui, en de enige manier om ze te verplaatsen is door ze te geselen."

"Ask anyone—ask one of those men over there if you doubt me."

"Vraag het maar aan iemand - vraag het maar aan een van die mannen daar als je aan mij twijfelt."

Mercedes looked at the onlookers with pleading, tearful eyes.

Mercedes keek de omstanders met smekende, betraande ogen aan.

Her face showed how deeply she hated the sight of any pain.

Haar gezicht liet zien hoe verschrikkelijk ze het vond om pijn te zien.

"They're weak, that's all," one man said. "They're worn out."

"Ze zijn zwak, dat is alles," zei een man. "Ze zijn versleten."

"They need rest—they've been worked too long without a break."

"Ze hebben rust nodig, ze hebben te lang zonder pauze gewerkt."

"Rest be cursed," Hal muttered with his lip curled.

"Vervloekt zij," mompelde Hal met een opgetrokken lip.

Mercedes gasped, clearly pained by the coarse word from him.

Mercedes snakte naar adem. Het was duidelijk dat ze gekwetst was door zijn grove taal.

Still, she stayed loyal and instantly defended her brother.

Toch bleef ze loyaal en verdedigde ze haar broer meteen.

"Don't mind that man," she said to Hal. "They're our dogs."

"Trek je niets aan van die man," zei ze tegen Hal. "Het zijn onze honden."

"You drive them as you see fit—do what you think is right."

"Je rijdt ermee zoals je wilt, doe wat je denkt dat juist is."

Hal raised the whip and struck the dogs again without mercy.

Hal hief de zweep en sloeg de honden opnieuw genadeloos.

They lunged forward, bodies low, feet pushing into the snow.

Ze sprongen naar voren, met hun lichamen laag bij de grond en hun voeten in de sneeuw.

All their strength went into the pull, but the sled wasn't moving.

Ze zetten al hun kracht in om te trekken, maar de slee kwam niet van zijn plaats.

The sled stayed stuck, like an anchor frozen into the packed snow.

De slee bleef vastzitten, als een anker vastgevroren in de vastgevroren sneeuw.

After a second effort, the dogs stopped again, panting hard.

Na een tweede poging stopten de honden opnieuw, hijgend.

Hal raised the whip once more, just as Mercedes interfered again.

Hal hief de zweep opnieuw op, net toen Mercedes opnieuw tussenbeide kwam.

She dropped to her knees in front of Buck and hugged his neck.

Ze viel op haar knieën voor Buck en sloeg haar armen om zijn nek.

Tears filled her eyes as she pleaded with the exhausted dog.

Tranen vulden haar ogen terwijl ze de uitgeputte hond smeekte.

"You poor dears," she said, "why don't you just pull harder?"

"Jullie arme kinderen," zei ze, "waarom trekken jullie niet gewoon harder?"

"If you pull, then you won't get to be whipped like this."

"Als je trekt, word je niet zo geslagen."

Buck disliked Mercedes, but he was too tired to resist her now.

Buck had een hekel aan Mercedes, maar hij was te moe om haar nu nog te weerstaan.

He accepted her tears as just another part of the miserable day.

Hij accepteerde haar tranen als gewoon onderdeel van de ellendige dag.

One of the watching men finally spoke after holding back his anger.

Een van de toekijkende mannen sprak eindelijk, nadat hij zijn woede had ingehouden.

"I don't care what happens to you folks, but those dogs matter."

"Het kan me niet schelen wat er met jullie gebeurt, maar die honden zijn belangrijk."

"If you want to help, break that sled loose—it's frozen to the snow."

"Als je wilt helpen, maak dan die slee los - hij zit vastgevroren aan de sneeuw."

"Push hard on the gee-pole, right and left, and break the ice seal."

"Druk hard op de gee-paal, rechts en links, en breek de ijsafdichting."

A third attempt was made, this time following the man's suggestion.

Er werd een derde poging gedaan, ditmaal op voorstel van de man.

Hal rocked the sled from side to side, breaking the runners loose.

Hal wiebelde de slee heen en weer, waardoor de glijders loskwamen.

The sled, though overloaded and awkward, finally lurched forward.

De slee, hoewel overbelast en onhandig, kwam uiteindelijk met een schok vooruit.

Buck and the others pulled wildly, driven by a storm of whiplashes.

Buck en de anderen trokken wild, voortgedreven door een stortvloed aan zweepslagen.

A hundred yards ahead, the trail curved and sloped into the street.

Honderd meter verderop liep het pad schuin af de straat in.

It was going to have taken a skilled driver to keep the sled upright.

Het zal een bekwame bestuurder zijn geweest om de slee rechtop te houden.

Hal was not skilled, and the sled tipped as it swung around the bend.

Hal was niet zo ervaren, en de slee kantelde toen hij de bocht omging.

Loose lashings gave way, and half the load spilled onto the snow.

Losse kabels lieten los en de helft van de lading belandde in de sneeuw.

The dogs did not stop; the lighter sled flew along on its side.

De honden bleven niet stoppen; de lichtere slee vloog op zijn kant verder.

Angry from abuse and the heavy burden, the dogs ran faster.

Boos door de mishandeling en de zware last, renden de honden nog harder.

Buck, in fury, broke into a run, with the team following behind.

Woedend begon Buck te rennen, gevolgd door het team.

Hal shouted "Whoa! Whoa!" but the team paid no attention to him.

Hal riep "Whoa! Whoa!", maar het team schonk geen aandacht aan hem.

He tripped, fell, and was dragged along the ground by the harness.

Hij struikelde, viel en werd aan het harnas over de grond gesleurd.

The overturned sled bumped over him as the dogs raced on ahead.

De omgevallen slee botste over hem heen terwijl de honden vooruit renden.

The rest of the supplies scattered across Skaguay's busy street.

De rest van de voorraden lagen verspreid over de drukke straten van Skaguay.

Kind-hearted people rushed to stop the dogs and gather the gear.

Vriendelijke mensen schoten te hulp om de honden tegen te houden en de spullen in te pakken.

They also gave advice, blunt and practical, to the new travelers.

Ze gaven de nieuwe reizigers ook direct en praktisch advies.

"If you want to reach Dawson, take half the load and double the dogs."

"Als je Dawson wilt bereiken, neem dan de helft van de lading en het dubbele aantal honden."

Hal, Charles, and Mercedes listened, though not with enthusiasm.

Hal, Charles en Mercedes luisterden, maar niet met enthousiasme.

They pitched their tent and started sorting through their supplies.

Ze zetten hun tent op en begonnen hun spullen te sorteren.

Out came canned goods, which made onlookers laugh aloud.

Er kwam blikvoer tevoorschijn, wat de omstanders hardop deed lachen.

**"Canned stuff on the trail? You'll starve before that melts,"
one said.**

"Ingeblikt voedsel op de route? Je zult verhongeren voordat dat smelt," zei een van hen.

"Hotel blankets? You're better off throwing them all out."

Hoteldekens? Je kunt ze beter allemaal weggooien.

"Ditch the tent, too, and no one washes dishes here."

"Verlaat ook de tent, en niemand wast hier af."

**"You think you're riding a Pullman train with servants on
board?"**

"Denk je dat je in een Pullman-trein zit met bedienden aan boord?"

**The process began—every useless item was tossed to the
side.**

Het proces begon: alle nutteloze voorwerpen werden aan de kant gegooid.

**Mercedes cried when her bags were emptied onto the snowy
ground.**

Mercedes huilde toen haar tassen op de besneeuwde grond werden leeggemaakt.

**She sobbed over every item thrown out, one by one without
pause.**

Ze snikte bij elk voorwerp dat ze weggooide, één voor één, zonder ophouden.

**She vowed not to go one more step—not even for ten
Charleses.**

Ze beloofde geen stap meer te zetten, zelfs niet voor tien Charleses.

**She begged each person nearby to let her keep her precious
things.**

Ze smeekte iedereen in de buurt om haar dierbare bezittingen te mogen houden.

At last, she wiped her eyes and began tossing even vital clothes.

Uiteindelijk veegde ze haar ogen af en begon zelfs de belangrijkste kleren weg te gooien.

When done with her own, she began emptying the men's supplies.

Toen ze klaar was met haar eigen spullen, begon ze de voorraden van de mannen leeg te halen.

Like a whirlwind, she tore through Charles and Hal's belongings.

Als een wervelwind scheurde ze door de spullen van Charles en Hal.

Though the load was halved, it was still far heavier than needed.

Hoewel de lading gehalveerd was, was deze nog steeds veel zwaarder dan nodig.

That night, Charles and Hal went out and bought six new dogs.

Die avond gingen Charles en Hal op stap en kochten zes nieuwe honden.

These new dogs joined the original six, plus Teek and Koona.

Deze nieuwe honden voegden zich bij de oorspronkelijke zes, plus Teek en Koona.

Together they made a team of fourteen dogs hitched to the sled.

Samen vormden ze een team van veertien honden, die voor de slee werden gespannen.

But the new dogs were unfit and poorly trained for sled work.

Maar de nieuwe honden waren ongeschikt en slecht getraind voor sledewerk.

Three of the dogs were short-haired pointers, and one was a Newfoundland.

Drie van de honden waren kortharige staande honden en één was een Newfoundlander.

The final two dogs were mutts of no clear breed or purpose at all.

De laatste twee honden waren bastaarden, waarvan geen enkel ras of doel duidelijk was.

They didn't understand the trail, and they didn't learn it quickly.

Ze begrepen het pad niet en ze leerden het niet snel.

Buck and his mates watched them with scorn and deep irritation.

Buck en zijn maten keken hen met minachting en diepe irritatie aan.

Though Buck taught them what not to do, he could not teach duty.

Buck leerde hun wat ze niet moesten doen, maar hij kon ze niet leren wat plicht was.

They didn't take well to trail life or the pull of reins and sleds.

Ze konden niet goed overweg met het leven op de trail en met de trekkracht van teugels en sleden.

Only the mongrels tried to adapt, and even they lacked fighting spirit.

Alleen de bastaarden probeerden zich aan te passen, en zelfs zij misten vechtlust.

The other dogs were confused, weakened, and broken by their new life.

De andere honden waren in de war, verzwakt en gebroken door hun nieuwe leven.

With the new dogs clueless and the old ones exhausted, hope was thin.

De nieuwe honden wisten het niet en de oude waren uitgeput, dus er was weinig hoop.

Buck's team had covered twenty-five hundred miles of harsh trail.

Bucks team had ruim 4000 kilometer aan ruig parcours afgelegd.

Still, the two men were cheerful and proud of their large dog team.

Toch waren de twee mannen vrolijk en trots op hun grote hondenspan.

They thought they were traveling in style, with fourteen dogs hitched.

Ze dachten dat ze in stijl reisden, met veertien honden aan boord.

They had seen sleds leave for Dawson, and others arrive from it.

Ze hadden sleeën naar Dawson zien vertrekken, en er kwamen er ook andere aan.

But never had they seen one pulled by as many as fourteen dogs.

Maar ze hadden nog nooit gezien dat een dier door veertien honden werd voortgetrokken.

There was a reason such teams were rare in the Arctic wilderness.

Er was een reden waarom zulke teams zeldzaam waren in de wildernis van het Noordpoolgebied.

No sled could carry enough food to feed fourteen dogs for the trip.

Geen enkele slee kon genoeg voedsel vervoeren om veertien honden tijdens de reis te voeden.

But Charles and Hal didn't know that — they had done the math.

Maar Charles en Hal wisten dat niet; ze hadden het al berekend.

They penciled out the food: so much per dog, so many days, done.

Ze berekenden het eten: zoveel per hond, zoveel dagen, en klaar.

Mercedes looked at their figures and nodded as if it made sense.

Mercedes keek naar de cijfers en knikte alsof het logisch was.

It all seemed very simple to her, at least on paper.

Het leek haar allemaal heel eenvoudig, althans op papier.

The next morning, Buck led the team slowly up the snowy street.

De volgende morgen leidde Buck het team langzaam door de besneeuwde straat.

There was no energy or spirit in him or the dogs behind him.

Er zat geen energie of enthousiasme in hem en de honden achter hem.

They were dead tired from the start—there was no reserve left.

Ze waren vanaf het begin al doodop, er was geen reserve meer over.

Buck had made four trips between Salt Water and Dawson already.

Buck had al vier keer tussen Salt Water en Dawson gereisd.

Now, faced with the same trail again, he felt nothing but bitterness.

Nu hij hetzelfde pad weer moest bewandelen, voelde hij niets dan bitterheid.

His heart was not in it, nor were the hearts of the other dogs.

Zijn hart was er niet bij, en dat gold ook voor de harten van de andere honden.

The new dogs were timid, and the huskies lacked all trust.

De nieuwe honden waren schuw en de husky's hadden geen enkel vertrouwen.

Buck sensed he could not rely on these two men or their sister.

Buck voelde dat hij niet op deze twee mannen of hun zus kon vertrouwen.

They knew nothing and showed no signs of learning on the trail.

Ze wisten niets en gaven op het pad geen enkel teken van kennis.

They were disorganized and lacked any sense of discipline.

Ze waren ongeorganiseerd en hadden geen enkel gevoel voor discipline.

It took them half the night to set up a sloppy camp each time.
Ze waren elke keer de halve nacht bezig om een slordig kamp op te zetten.

And half the next morning they spent fumbling with the sled again.
En de helft van de volgende ochtend waren ze weer aan het klooien met de slee.

By noon, they often stopped just to fix the uneven load.
Tegen de middag stopten ze vaak even om de ongelijkmatige lading te repareren.

On some days, they traveled less than ten miles in total.
Op sommige dagen legden ze in totaal minder dan 16 kilometer af.

Other days, they didn't manage to leave camp at all.
Op andere dagen lukte het hen helemaal niet om het kamp te verlaten.

They never came close to covering the planned food-distance.
Ze hebben bij lange na niet de geplande voedselafstand kunnen overbruggen.

As expected, they ran short on food for the dogs very quickly.
Zoals verwacht was er al snel te weinig voer voor de honden.

They made matters worse by overfeeding in the early days.
Ze maakten de situatie erger door in het begin te veel te voeren.

This brought starvation closer with every careless ration.
Met elke onzorgvuldige rantsoenering kwam de hongersnood dichterbij.

The new dogs had not learned to survive on very little.
De nieuwe honden hadden nog niet geleerd om met heel weinig te overleven.

They ate hungrily, with appetites too large for the trail.
Ze aten hongerig, hun eetlust was te groot voor de tocht.

Seeing the dogs weaken, Hal believed the food wasn't enough.

Toen Hal zag dat de honden zwakker werden, vond hij dat het eten niet genoeg was.

He doubled the rations, making the mistake even worse.

Hij verdubbelde de rantsoenen en maakte de fout daardoor nog erger.

Mercedes added to the problem with tears and soft pleading.

Mercedes maakte het probleem nog groter met tranen en zachte smeekbeden.

When she couldn't convince Hal, she fed the dogs in secret.

Toen ze Hal niet kon overtuigen, gaf ze in het geheim de honden te eten.

She stole from the fish sacks and gave it to them behind his back.

Ze stal iets uit de zakken met vis en gaf het achter zijn rug om aan hen.

But what the dogs truly needed wasn't more food — it was rest.

Maar wat de honden werkelijk nodig hadden was niet meer eten, maar rust.

They were making poor time, but the heavy sled still dragged on.

Ze reden niet hard, maar de zware slee sleepte zich voort.

That weight alone drained their remaining strength each day.

Alleen al dat gewicht putte hun laatste krachten uit.

Then came the stage of underfeeding as the supplies ran low.

Toen kwam de fase van ondervoeding, omdat de voorraden schaarser werden.

Hal realized one morning that half the dog food was already gone.

Op een ochtend realiseerde Hal zich dat de helft van het hondenvoer al op was.

They had only traveled a quarter of the total trail distance.

Ze hadden pas een kwart van de totale afstand van het pad afgelegd.

No more food could be bought, no matter what price was offered.

Er kon geen voedsel meer gekocht worden, welke prijs er ook geboden werd.

He reduced the dogs' portions below the standard daily ration.

Hij verlaagde de porties voor de honden tot onder de dagelijkse standaardrantsoenering.

At the same time, he demanded longer travel to make up for loss.

Tegelijkertijd eiste hij een langere reis om het verlies te compenseren.

Mercedes and Charles supported this plan, but failed in execution.

Mercedes en Charles steunden dit plan, maar de uitvoering mislukte.

Their heavy sled and lack of skill made progress nearly impossible.

Hun zware slee en gebrek aan vaardigheid maakten vooruitgang vrijwel onmogelijk.

It was easy to give less food, but impossible to force more effort.

Het was gemakkelijk om minder voedsel te geven, maar onmogelijk om meer inspanning te leveren.

They couldn't start early, nor could they travel for extra hours.

Ze konden niet eerder beginnen en ook niet extra uren reizen.

They didn't know how to work the dogs, nor themselves, for that matter.

Ze wisten niet hoe ze met de honden moesten omgaan, en ze wisten ook niet hoe ze met zichzelf om moesten gaan.

The first dog to die was Dub, the unlucky but hardworking thief.

De eerste hond die stierf was Dub, de ongelukkige maar hardwerkende dief.

Though often punished, Dub had pulled his weight without complaint.

Hoewel Dub vaak werd gestraft, had hij zonder te klagen zijn steentje bijgedragen.

His injured shoulder grew worse without care or needed rest.

Zijn geblesseerde schouder werd erger als hij niet verzorgd werd en geen rust kreeg.

Finally, Hal used the revolver to end Dub's suffering.

Uiteindelijk gebruikte Hal de revolver om Dubs lijden te beëindigen.

A common saying claimed that normal dogs die on husky rations.

Er bestaat een bekend gezegde dat normale honden sterven van husky-rantsoenen.

Buck's six new companions had only half the husky's share of food.

De zes nieuwe metgezellen van Buck kregen slechts de helft van het voedsel van de husky.

The Newfoundland died first, then the three short-haired pointers.

De Newfoundlander stierf als eerste, daarna de drie kortharige staande honden.

The two mongrels held on longer but finally perished like the rest.

De twee bastaarden hielden het langer vol maar gingen uiteindelijk, net als de rest, ten onder.

By this time, all the amenities and gentleness of the Southland were gone.

Op dat moment waren alle gemakken en de zachtheid van het Zuiden verdwenen.

The three people had shed the last traces of their civilized upbringing.

De drie personen hadden de laatste resten van hun beschaafde opvoeding afgelegd.

Stripped of glamour and romance, Arctic travel became brutally real.

Zonder enige glamour en romantiek werd reizen naar het Noordpoolgebied een brute realiteit.

It was a reality too harsh for their sense of manhood and womanhood.

Het was een realiteit die te hard was voor hun gevoel van mannelijkheid en vrouwelijkheid.

Mercedes no longer wept for the dogs, but now wept only for herself.

Mercedes huilde niet langer om de honden, maar alleen nog om zichzelf.

She spent her time crying and quarreling with Hal and Charles.

Ze bracht haar tijd huilend en ruziemakend met Hal en Charles door.

Quarreling was the one thing they were never too tired to do.

Ruziemaken was het enige waar ze nooit te moe voor waren.

Their irritability came from misery, grew with it, and surpassed it.

Hun prikkelbaarheid ontstond uit ellende, groeide ermee en overwon het.

The patience of the trail, known to those who toil and suffer kindly, never came.

Het geduld van de tocht, dat alleen zij kennen die hard werken en mild lijden, kwam nooit.

That patience, which keeps speech sweet through pain, was unknown to them.

Dat geduld, dat het spreken zoet houdt ondanks de pijn, was hen onbekend.

They had no hint of patience, no strength drawn from suffering with grace.

Ze hadden geen enkel spoor van geduld, geen kracht geput uit het met gratie lijden.

They were stiff with pain—aching in their muscles, bones, and hearts.

Ze waren stijf van de pijn, het voelde pijn in hun spieren, botten en hart.

Because of this, they grew sharp of tongue and quick with harsh words.

Daardoor werden ze scherp van tong en snel met harde woorden.

Each day began and ended with angry voices and bitter complaints.

Elke dag begon en eindigde met boze stemmen en bittere klachten.

Charles and Hal wrangled whenever Mercedes gave them a chance.

Charles en Hal begonnen te ruziën wanneer Mercedes hen de kans gaf.

Each man believed he did more than his fair share of the work.

Beide mannen waren ervan overtuigd dat zij meer dan hun eerlijke deel van het werk hadden gedaan.

Neither ever missed a chance to say so, again and again.

En ze lieten allebei geen kans onbenut om dat steeds weer te zeggen.

Sometimes Mercedes sided with Charles, sometimes with Hal.

Soms koos Mercedes de kant van Charles, soms die van Hal.

This led to a grand and endless quarrel among the three.

Dit leidde tot een grote, eindeloze ruzie tussen de drie.

A dispute over who should chop firewood grew out of control.

Er ontstond een dispuut over wie het brandhout mocht hakken.

Soon, fathers, mothers, cousins, and dead relatives were named.

Al snel werden ook de namen van vaders, moeders, neven, nichten en overleden familieleden genoemd.

Hal's views on art or his uncle's plays became part of the fight.

De mening van Hal over kunst of de toneelstukken van zijn oom speelden een rol in de strijd.

Charles's political beliefs also entered the debate.

Ook de politieke opvattingen van Karel kwamen ter sprake.

To Mercedes, even her husband's sister's gossip seemed relevant.

Voor Mercedes leken zelfs de roddels van de zus van haar man relevant.

She aired opinions on that and on many of Charles's family's flaws.

Ze uitte haar mening hierover en over veel van de gebreken van Charles' familie.

While they argued, the fire stayed unlit and camp half set.

Terwijl ze ruzieden, bleef het vuur uit en het kamp half bezet.

Meanwhile, the dogs remained cold and without any food.

Ondertussen bleven de honden koud en zonder voedsel.

Mercedes held a grievance she considered deeply personal.

Mercedes koesterde een grief die zij als zeer persoonlijk beschouwde.

She felt mistreated as a woman, denied her gentle privileges.

Ze voelde zich als vrouw slecht behandeld en haar privileges werden haar ontzegd.

She was pretty and soft, and used to chivalry all her life.

Ze was mooi en zacht, en was haar hele leven hoffelijk.

But her husband and brother now treated her with impatience.

Maar haar man en broer behandelden haar nu met ongeduld.

Her habit was to act helpless, and they began to complain.

Ze had de gewoonte zich hulpeloos te gedragen en ze begonnen te klagen.

Offended by this, she made their lives all the more difficult.

Ze voelde zich hierdoor beledigd en maakte hun leven alleen maar moeilijker.

She ignored the dogs and insisted on riding the sled herself.

Ze negeerde de honden en stond erop zelf op de slee te rijden.

Though light in looks, she weighed one hundred twenty pounds.

Hoewel ze er licht uitzag, woog ze 48 kilo.

That added burden was too much for the starving, weak dogs.

Die extra last was te zwaar voor de uitgehongerde, zwakke honden.

Still, she rode for days, until the dogs collapsed in the reins.

Toch bleef ze dagenlang rijden, totdat de honden het begaven in de teugels.

The sled stood still, and Charles and Hal begged her to walk.

De slee bleef stilstaan en Charles en Hal smeekten haar om te lopen.

They pleaded and entreated, but she wept and called them cruel.

Ze smeekten en smeekten, maar zij huilde en noemde hen wreed.

On one occasion, they pulled her off the sled with sheer force and anger.

Op een gegeven moment trokken ze haar met grote kracht en woede van de slee.

They never tried again after what happened that time.

Na wat er toen gebeurde, hebben ze het nooit meer geprobeerd.

She went limp like a spoiled child and sat in the snow.

Ze werd slap als een verwend kind en zat in de sneeuw.

They moved on, but she refused to rise or follow behind.

Ze gingen verder, maar zij weigerde op te staan of haar te volgen.

After three miles, they stopped, returned, and carried her back.

Na vijf kilometer stopten ze, keerden terug en droegen haar terug.

They reloaded her onto the sled, again using brute strength.

Ze laadden haar weer op de slee, wederom met brute kracht.

In their deep misery, they were callous to the dogs' suffering.

In hun diepe ellende waren ze ongevoelig voor het lijden van de honden.

Hal believed one must get hardened and forced that belief on others.

Hal geloofde dat je verhard moest worden en hij drong dat geloof ook aan anderen op.

He first tried to preach his philosophy to his sister

Hij probeerde eerst zijn filosofie aan zijn zus te prediken

and then, without success, he preached to his brother-in-law.

en vervolgens preekte hij zonder succes tegen zijn zwager.

He had more success with the dogs, but only because he hurt them.

Hij had meer succes met de honden, maar dat kwam alleen doordat hij ze pijn deed.

At Five Fingers, the dog food ran out of food completely.

Bij Five Fingers was het hondenvoer helemaal op.

A toothless old squaw sold a few pounds of frozen horse-hide

Een tandeloze oude squaw verkocht een paar kilo bevroren paardenhuid

Hal traded his revolver for the dried horse-hide.

Hal ruilde zijn revolver voor het gedroogde paardenhuid.

The meat had come from starved horses of cattlemen months before.

Het vlees was afkomstig van uitgehongerde paarden van veehouders die maanden eerder waren gestorven.

Frozen, the hide was like galvanized iron; tough and inedible.

Bevroren leek het vel op gegalvaniseerd ijzer: taai en oneetbaar.

The dogs had to chew endlessly at the hide to eat it.

De honden moesten eindeloos op de huid kauwen om deze op te eten.

But the leathery strings and short hair were hardly nourishment.

Maar de leerachtige touwtjes en het korte haar waren nauwelijks voedsel.

Most of the hide was irritating, and not food in any true sense.

Het grootste deel van de huid was irriterend en absoluut geen voedsel.

And through it all, Buck staggered at the front, like in a nightmare.

En ondanks alles bleef Buck strompelend vooraan lopen, als in een nachtmerrie.

He pulled when able; when not, he lay until whip or club raised him.

Als hij kon trekken, dan bleef hij liggen tot hij met een zweep of knuppel werd opgetild.

His fine, glossy coat had lost all stiffness and sheen it once had.

Zijn mooie, glanzende vacht was volledig stijf en glanzend geworden.

His hair hung limp, draggled, and clotted with dried blood from the blows.

Zijn haar hing slap en in de war, vol met opgedroogd bloed van de slagen.

His muscles shrank to cords, and his flesh pads were all worn away.

Zijn spieren krompen tot koorden en zijn vleeskussentjes waren allemaal weggesleten.

Each rib, each bone showed clearly through folds of wrinkled skin.

Elke rib, elk bot was duidelijk zichtbaar door de plooien van de gerimpelde huid.

It was heartbreaking, yet Buck's heart could not break.

Het was hartverscheurend, maar Bucks hart kon niet breken.

The man in the red sweater had tested that and proved it long ago.

De man in de rode trui had dat al lang geleden getest en bewezen.

As it was with Buck, so it was with all his remaining teammates.

En net als bij Buck, gold dat ook voor al zijn overgebleven teamgenoten.

There were seven in total, each one a walking skeleton of misery.

Er waren er in totaal zeven. Elk exemplaar was een wandelend skelet van ellende.

They had grown numb to lash, feeling only distant pain.

Ze waren verdoofd door de zweepslagen en voelden alleen nog maar pijn in de verte.

Even sight and sound reached them faintly, as through a thick fog.

Zelfs het zicht en het gehoor bereikten hen vaag, als door een dichte mist.

They were not half alive—they were bones with dim sparks inside.

Ze waren niet half levend - het waren botten met vage vonken erin.

When stopped, they collapsed like corpses, their sparks almost gone.

Toen ze tot stilstand kwamen, stortten ze in elkaar als lijken, de vonken waren bijna verdwenen.

And when the whip or club struck again, the sparks fluttered weakly.

En als de zweep of de knuppel weer sloeg, dan spatten de vonken er zachtjes vanaf.

Then they rose, staggered forward, and dragged their limbs ahead.

Toen stonden ze op, wankelden naar voren en sleepten hun ledematen vooruit.

One day kind Billee fell and could no longer rise at all.

Op een dag viel lieve Billee en kon helemaal niet meer opstaan.

Hal had traded his revolver, so he used an axe to kill Billee instead.

Hal had zijn revolver geruild, dus gebruikte hij een bijl om Billee te doden.

He struck him on the head, then cut his body free and dragged it away.

Hij sloeg hem op het hoofd, sneed vervolgens zijn lichaam los en sleepte het weg.

Buck saw this, and so did the others; they knew death was near.
Buck zag dit, en de anderen ook; zij wisten dat de dood nabij was.

Next day Koona went, leaving just five dogs in the starving team.
De volgende dag vertrok Koona en liet slechts vijf honden achter in het uitgehongerde team.

Joe, no longer mean, was too far gone to be aware of much at all.
Joe, die niet langer gemeen was, was te ver heen om zich nog ergens van bewust te zijn.

Pike, no longer faking his injury, was barely conscious.
Pike veinsde niet langer dat hij gewond was en was nauwelijks bij bewustzijn.

Solleks, still faithful, mourned he had no strength to give.
Solleks, die nog steeds trouw was, betreurde dat hij geen kracht meer had om te geven.

Teek was beaten most because he was fresher, but fading fast.
Teek werd het vaakst verslagen omdat hij frisser was, maar hij ging snel achteruit.

And Buck, still in the lead, no longer kept order or enforced it.
En Buck, die nog steeds aan kop lag, hield de orde niet meer in stand en handhaafde die ook niet meer.

Half blind with weakness, Buck followed the trail by feel alone.
Buck was half blind door zwakte en volgde het spoor alleen op gevoel.

It was beautiful spring weather, but none of them noticed it.
Het was prachtig lenteweer, maar niemand merkte dat.

Each day the sun rose earlier and set later than before.
Elke dag kwam de zon eerder op en ging later onder dan voorheen.

By three in the morning, dawn had come; twilight lasted till nine.

Om drie uur in de ochtend begon het te schemeren. Het bleef tot negen uur schemeren.

The long days were filled with the full blaze of spring sunshine.

De lange dagen werden gevuld met de volle gloed van de lentezon.

The ghostly silence of winter had changed into a warm murmur.

De spookachtige stilte van de winter was veranderd in een warm gemompel.

All the land was waking, alive with the joy of living things.

Het hele land ontwaakte, vol vreugde van levende wezens.

The sound came from what had lain dead and still through winter.

Het geluid kwam van wat de hele winter dood en stil had gelegen.

Now, those things moved again, shaking off the long frost sleep.

Nu bewogen de dingen weer en schudden de lange vorstslaap van zich af.

Sap was rising through the dark trunks of the waiting pine trees.

Sap steeg op door de donkere stammen van de wachtende dennenbomen.

Willows and aspens burst out bright young buds on each twig.

Wilgen en espen krijgen aan elk twijgje jonge, helder gekleurde knoppen.

Shrubs and vines put on fresh green as the woods came alive.

Struiken en wijnranken kleurden frisgroen toen het bos tot leven kwam.

Crickets chirped at night, and bugs crawled in daylight sun.

's Nachts tjirpten krekels en overdag kropen insecten in de zon.

Partridges boomed, and woodpeckers knocked deep in the trees.

Patrijzen schreeuwden en spechten klopten diep in de bomen.

Squirrels chattered, birds sang, and geese honked over the dogs.

Eekhoorns kwetterden, vogels zongen en ganzen jaagden op de honden.

The wild-fowl came in sharp wedges, flying up from the south.

De wilde vogels kwamen in scherpe wiggen aanvliegen vanuit het zuiden.

From every hillside came the music of hidden, rushing streams.

Van iedere heuvel klonk de muziek van verborgen, stromende beekjes.

All things thawed and snapped, bent and burst back into motion.

Alles ontdooide en knapte, boog door en kwam weer in beweging.

The Yukon strained to break the cold chains of frozen ice.

De Yukon deed zijn best om de koudeketens van bevroren ijs te verbreken.

The ice melted underneath, while the sun melted it from above.

Het ijs smolt aan de onderkant, terwijl de zon het aan de bovenkant deed smelten.

Air-holes opened, cracks spread, and chunks fell into the river.

Er ontstonden luchtgaten, er ontstonden scheuren en stukken materiaal vielen in de rivier.

Amid all this bursting and blazing life, the travelers staggered.

Te midden van al dit bruisende en brandende leven, waggelden de reizigers.

Two men, a woman, and a pack of huskies walked like the dead.

Twee mannen, een vrouw en een roedel husky's liepen als doden.

The dogs were falling, Mercedes wept, but still rode the sled.

De honden vielen, Mercedes huilde, maar bleef toch op de slee rijden.

Hal cursed weakly, and Charles blinked through watering eyes.

Hal vloekte zwakjes en Charles knipperde met zijn tranende ogen.

They stumbled into John Thornton's camp by White River's mouth.

Ze kwamen het kamp van John Thornton tegen bij de monding van de White River.

When they stopped, the dogs dropped flat, as if all struck dead.

Toen ze stopten, vielen de honden plat op de grond, alsof ze allemaal dood waren.

Mercedes wiped her tears and looked across at John Thornton.

Mercedes veegde haar tranen weg en keek naar John Thornton.

Charles sat on a log, slowly and stiffly, aching from the trail.

Charles zat traag en stijf op een boomstam, met pijn van het pad.

Hal did the talking as Thornton carved the end of an axe-handle.

Hal voerde het woord terwijl Thornton het uiteinde van een bijlsteel uithakte.

He whittled birch wood and answered with brief, firm replies.

Hij sneed berkenhout en antwoordde met korte, krachtige antwoorden.

When asked, he gave advice, certain it wasn't going to be followed.

Toen hem ernaar werd gevraagd, gaf hij advies, ook al was hij er zeker van dat dit advies toch niet opgevolgd zou worden.

Hal explained, "They told us the trail ice was dropping out."

Hal legde uit: "Ze vertelden ons dat het ijs op de paden aan het afnemen was."

"They said we should stay put—but we made it to White River."

"Ze zeiden dat we moesten blijven, maar we hebben White River bereikt."

He ended with a sneering tone, as if to claim victory in hardship.

Hij eindigde met een spottende toon, alsof hij de overwinning ondanks alle tegenslagen wilde claimen.

"And they told you true," John Thornton answered Hal quietly.

"En ze hebben je de waarheid verteld," antwoordde John Thornton zachtjes aan Hal.

"The ice may give way at any moment—it's ready to drop out."

"Het ijs kan elk moment bezwijken – het staat op het punt eruit te vallen."

"Only blind luck and fools could have made it this far alive."

"Alleen blind geluk en dwazen hadden het zo ver kunnen schoppen."

"I tell you straight, I wouldn't risk my life for all Alaska's gold."

"Ik zeg je eerlijk: ik zou mijn leven niet riskeren voor al het goud van Alaska."

"That's because you're not a fool, I suppose," Hal answered.

"Dat komt omdat je niet dom bent, denk ik," antwoordde Hal.

"All the same, we'll go on to Dawson." He uncoiled his whip.

"Maar goed, we gaan door naar Dawson." Hij rolde zijn zweep af.

"Get up there, Buck! Hi! Get up! Go on!" he shouted harshly.

"Kom daar, Buck! Hoi! Sta op! Ga door!" riep hij hard.

Thornton kept whittling, knowing fools won't hear reason.

Thornton bleef snijden, wetende dat dwazen niet naar rede luisteren.

To stop a fool was futile — and two or three fooled changed nothing.

Het was zinloos om een dwaas te stoppen, en twee of drie dwazen veranderden niets.

But the team didn't move at the sound of Hal's command.

Maar het team kwam niet in beweging toen ze Hals bevel hoorden.

By now, only blows could make them rise and pull forward.

Nu konden ze alleen nog met klappen omhoog komen en vooruit worden getrokken.

The whip snapped again and again across the weakened dogs.

De zweep sloeg steeds weer tegen de verzwakte honden.

John Thornton pressed his lips tightly and watched in silence.

John Thornton klemde zijn lippen op elkaar en keek zwijgend toe.

Solleks was the first to crawl to his feet under the lash.

Solleks was de eerste die onder de zweep overeind kroop.

Then Teek followed, trembling. Joe yelped as he stumbled up.

Toen volgde Teek, trillend. Joe gilde terwijl hij overeind kwam.

Pike tried to rise, failed twice, then finally stood unsteadily.

Pike probeerde overeind te komen, maar het lukte hem twee keer niet en uiteindelijk bleef hij wankel staan.

But Buck lay where he had fallen, not moving at all this time.

Maar Buck bleef liggen waar hij was gevallen, en bewoog deze keer helemaal niet.

The whip slashed him over and over, but he made no sound.

De zweep sloeg hem herhaaldelijk, maar hij maakte geen enkel geluid.

He did not flinch or resist, simply remained still and quiet.

Hij deinsde niet terug en verzette zich niet. Hij bleef gewoon stil en rustig.

Thornton stirred more than once, as if to speak, but didn't.

Thornton bewoog zich meermaals, alsof hij wilde spreken, maar deed dat niet.

His eyes grew wet, and still the whip cracked against Buck.

Zijn ogen werden vochtig en de zweep bleef tegen Buck knallen.

At last, Thornton began pacing slowly, unsure of what to do.

Uiteindelijk begon Thornton langzaam heen en weer te lopen, onzeker over wat hij moest doen.

It was the first time Buck had failed, and Hal grew furious.

Het was de eerste keer dat Buck faalde en Hal werd woedend.

He threw down the whip and picked up the heavy club instead.

Hij gooide de zweep neer en pakte in plaats daarvan de zware knuppel op.

The wooden club came down hard, but Buck still did not rise to move.

De houten knuppel kwam hard neer, maar Buck kwam nog steeds niet overeind.

Like his teammates, he was too weak—but more than that.

Net als zijn teamgenoten was hij te zwak, maar meer dan dat.

Buck had decided not to move, no matter what came next.

Buck had besloten om niet te verhuizen, wat er ook zou gebeuren.

He felt something dark and certain hovering just ahead.

Hij voelde iets donkers en zekers vlak voor zich zweven.

That dread had seized him as soon as he reached the riverbank.

Die angst had hem bevangen zodra hij de oever van de rivier bereikte.

The feeling had not left him since he felt the ice thin under his paws.

Het gevoel was niet meer verdwenen sinds hij het ijs onder zijn poten dun voelde worden.

Something terrible was waiting—he felt it just down the trail.

Er stond hem iets verschrikkelijks te wachten. Hij voelde het verderop op het pad.

He wasn't going to walk towards that terrible thing ahead

Hij zou niet naar dat vreselijke ding voor zich toe lopen

He was not going to obey any command that took him to that thing.

Hij zou geen enkel bevel opvolgen dat hem daarheen bracht.

The pain of the blows hardly touched him now—he was too far gone.

De pijn van de slagen deed hem nauwelijks nog pijn; hij was te ver heen.

The spark of life flickered low, dimmed beneath each cruel strike.

De vonk van het leven flikkerde zwakjes en doofde onder elke wrede klap.

His limbs felt distant; his whole body seemed to belong to another.

Zijn ledematen voelden afstandelijk aan; zijn hele lichaam leek wel van iemand anders.

He felt a strange numbness as the pain faded out completely.

Hij voelde een vreemde verdoving terwijl de pijn volledig verdween.

From far away, he sensed he was being beaten, but barely knew.

Hij voelde al van ver dat hij geslagen werd, maar hij besefte het nauwelijks.

He could hear the thuds faintly, but they no longer truly hurt.

Hij kon de doffe geluiden nog vaag horen, maar ze deden niet echt pijn meer.

The blows landed, but his body no longer seemed like his own.

De klappen waren raak, maar zijn lichaam voelde niet langer als het zijne.

Then suddenly, without warning, John Thornton gave a wild cry.

Toen, plotseling, zonder waarschuwing, gaf John Thornton een wilde kreet.

It was inarticulate, more the cry of a beast than of a man.

Het klonk onverstaanbaar, meer als de schreeuw van een dier dan van een mens.

He leapt at the man with the club and knocked Hal backward.

Hij sprong op de man met de knuppel af en sloeg Hal achterover.

Hal flew as if struck by a tree, landing hard upon the ground.

Hal vloog door de lucht alsof hij door een boom was geraakt en landde hard op de grond.

Mercedes screamed aloud in panic and clutched at her face.

Mercedes schreeuwde luid van paniek en greep naar haar gezicht.

Charles only looked on, wiped his eyes, and stayed seated.

Charles keek alleen maar toe, veegde zijn tranen af en bleef zitten.

His body was too stiff with pain to rise or help in the fight.

Zijn lichaam was te stijf van de pijn om op te staan of mee te vechten.

Thornton stood over Buck, trembling with fury, unable to speak.

Thornton stond boven Buck, trillend van woede, en kon niet spreken.

He shook with rage and fought to find his voice through it.

Hij beefde van woede en probeerde er zijn stem doorheen te vinden.

"If you strike that dog again, I'll kill you," he finally said.

"Als je die hond nog een keer slaat, maak ik je af," zei hij uiteindelijk.

Hal wiped blood from his mouth and came forward again.

Hal veegde het bloed uit zijn mond en kwam weer naar voren.

"It's my dog," he muttered. "Get out of the way, or I'll fix you."

"Het is mijn hond," mompelde hij. "Ga uit de weg, of ik maak je af."

"I'm going to Dawson, and you're not stopping me," he added.

"Ik ga naar Dawson, en jij houdt me niet tegen," voegde hij toe.

Thornton stood firm between Buck and the angry young man.

Thornton stond stevig tussen Buck en de boze jongeman.

He had no intention of stepping aside or letting Hal pass.

Hij had niet de intentie om opzij te stappen of Hal te laten passeren.

Hal pulled out his hunting knife, long and dangerous in hand.

Hal haalde zijn jachtmes tevoorschijn, lang en gevaarlijk in zijn hand.

Mercedes screamed, then cried, then laughed in wild hysteria.

Mercedes schreeuwde, huilde en lachte toen uitzinnig van woede.

Thornton struck Hal's hand with his axe-handle, hard and fast.

Thornton sloeg Hal hard en snel met de steel van zijn bijl op zijn hand.

The knife was knocked loose from Hal's grip and flew to the ground.

Het mes schoot los uit Hals greep en vloog op de grond.

Hal tried to pick the knife up, and Thornton rapped his knuckles again.

Hal probeerde het mes op te pakken, maar Thornton sloeg opnieuw met zijn knokkels.

Then Thornton stooped down, grabbed the knife, and held it.

Toen boog Thornton zich voorover, pakte het mes en hield het vast.

With two quick chops of the axe-handle, he cut Buck's reins.

Met twee snelle klappen met de bijlsteel sneed hij Bucks teugels door.

Hal had no fight left in him and stepped back from the dog.

Hal had geen enkele strijdlust meer en deed een stap achteruit, weg van de hond.

Besides, Mercedes needed both arms now to keep her upright.

Bovendien had Mercedes nu beide armen nodig om overeind te blijven.

Buck was too near death to be of use for pulling a sled again.

Buck was te dicht bij de dood om nog langer een slee te kunnen trekken.

A few minutes later, they pulled out, heading down the river.

Een paar minuten later vertrokken ze en voeren de rivier af.

Buck raised his head weakly and watched them leave the bank.

Buck hief zwakjes zijn hoofd op en keek toe hoe ze de oever verlieten.

Pike led the team, with Solleks at the rear in the wheel spot.

Pike leidde het team, met Solleks achteraan op de wielbasis.

Joe and Teek walked between, both limping with exhaustion.

Joe en Teek liepen ertussen, beiden mank van vermoeidheid.

Mercedes sat on the sled, and Hal gripped the long gee-pole.

Mercedes zat op de slee en Hal greep de lange gee-stok vast.

Charles stumbled behind, his steps clumsy and uncertain.

Charles strompelde achter hen aan, zijn stappen waren onhandig en onzeker.

Thornton knelt by Buck and gently felt for broken bones.

Thornton knielde naast Buck en voelde voorzichtig naar gebroken botten.

His hands were rough but moved with kindness and care.

Zijn handen waren ruw, maar hij bewoog ze met vriendelijkheid en zorg.

Buck's body was bruised but showed no lasting injury.

Bucks lichaam was gekneusd maar vertoonde geen blijvende schade.

What remained was terrible hunger and near-total weakness.

Wat overbleef was verschrikkelijke honger en bijna totale zwakte.

By the time this was clear, the sled had gone far downriver.

Tegen de tijd dat dit duidelijk werd, was de slee al een heel eind stroomafwaarts gevaren.

Man and dog watched the sled slowly crawl over the cracking ice.

Man en hond keken toe hoe de slee langzaam over het krakende ijs kroop.

Then, they saw the sled sink down into a hollow.

Toen zagen ze de slee in een holte zakken.

The gee-pole flew up, with Hal still clinging to it in vain.

De paal vloog omhoog, terwijl Hal zich er nog steeds tevergeefs aan vastklampte.

Mercedes's scream reached them across the cold distance.

De schreeuw van Mercedes bereikte hen over de koude afstand.

Charles turned and stepped back—but he was too late.

Charles draaide zich om en deed een stap achteruit, maar het was te laat.

A whole ice sheet gave way, and they all dropped through.

Een hele ijskap bezweek en ze zakten er allemaal doorheen.

Dogs, sled, and people vanished into the black water below.

Honden, sleeën en mensen verdwenen in het zwarte water.

Only a wide hole in the ice was left where they had passed.

Op de plek waar ze waren gepasseerd, was alleen een groot gat in het ijs overgebleven.

The trail's bottom had dropped out—just as Thornton warned.

Het pad liep naar beneden, precies zoals Thornton had gewaarschuwd.

Thornton and Buck looked at one another, silent for a moment.

Thornton en Buck keken elkaar aan en bleven een moment zwijgen.

"You poor devil," said Thornton softly, and Buck licked his hand.

"Jij arme duivel," zei Thornton zachtjes, en Buck likte zijn hand.

For the Love of a Man
Voor de liefde van een man

John Thornton froze his feet in the cold of the previous December.
John Thornton had last van bevroren voeten in de kou van de voorgaande decembermaand.

His partners made him comfortable and left him to recover alone.
Zijn partners stelden hem op zijn gemak en lieten hem alleen herstellen.

They went up the river to gather a raft of saw-logs for Dawson.
Ze gingen de rivier op om een vlot met zaagblokken voor Dawson te verzamelen.

He was still limping slightly when he rescued Buck from death.
Hij liep nog een beetje mank toen hij Buck van de dood redde.

But with warm weather continuing, even that limp disappeared.
Maar toen het warmer werd, verdween zelfs die mankement.

Lying by the riverbank during long spring days, Buck rested.
Tijdens de lange lentedagen lag Buck te rusten aan de oever van de rivier.

He watched the flowing water and listened to birds and insects.
Hij keek naar het stromende water en luisterde naar de vogels en insecten.

Slowly, Buck regained his strength under the sun and sky.

Langzaam kwam Buck weer op krachten onder de zon en de hemel.

A rest felt wonderful after traveling three thousand miles.

Na drieduizend mijl gereisd te hebben, was het heerlijk om even uit te rusten.

Buck became lazy as his wounds healed and his body filled out.

Buck werd lui terwijl zijn wonden genazen en zijn lichaam voller werd.

His muscles grew firm, and flesh returned to cover his bones.

Zijn spieren werden sterker en zijn botten werden weer bedekt met vlees.

They were all resting—Buck, Thornton, Skeet, and Nig.

Ze waren allemaal aan het rusten: Buck, Thornton, Skeet en Nig.

They waited for the raft that was going to carry them down to Dawson.

Ze wachtten op het vlot dat hen naar Dawson zou brengen.

Skeet was a small Irish setter who made friends with Buck.

Skeet was een kleine Ierse setter die vriendschap sloot met Buck.

Buck was too weak and ill to resist her at their first meeting.

Buck was te zwak en ziek om haar tijdens hun eerste ontmoeting te weerstaan.

Skeet had the healer trait that some dogs naturally possess.

Skeet had de helende eigenschap die sommige honden van nature bezitten.

Like a mother cat, she licked and cleaned Buck's raw wounds.

Als een moederkat likte en maakte ze Bucks open wonden schoon.

Every morning after breakfast, she repeated her careful work.

Iedere ochtend na het ontbijt herhaalde ze haar zorgvuldige werk.

Buck came to expect her help as much as he did Thornton's.

Buck verwachtte net zo veel hulp van haar als van Thornton.

Nig was friendly too, but less open and less affectionate.

Nig was ook vriendelijk, maar minder open en minder aanhankelijk.

Nig was a big black dog, part bloodhound and part deerhound.

Nig was een grote zwarte hond, half bloedhond en half deerhound.

He had laughing eyes and endless good nature in his spirit.

Hij had lachende ogen en een eindeloos goed karakter.

To Buck's surprise, neither dog showed jealousy toward him.

Tot Bucks verbazing toonde geen van beide honden jaloezie jegens hem.

Both Skeet and Nig shared the kindness of John Thornton.

Zowel Skeet als Nig waren net zo vriendelijk als John Thornton.

As Buck got stronger, they lured him into foolish dog games.

Naarmate Buck sterker werd, verleidden ze hem tot domme hondenspelletjes.

Thornton often played with them too, unable to resist their joy.

Thornton speelde ook vaak met hen, hij kon hun vreugde niet weerstaan.

In this playful way, Buck moved from illness to a new life.

Op deze speelse manier ging Buck van zijn ziekte over naar een nieuw leven.

Love—true, burning, and passionate love—was his at last.

Eindelijk was de liefde aan hem toegekomen: ware, brandende en hartstochtelijke liefde.

He had never known this kind of love at Miller's estate.

Deze vorm van liefde had hij op Millers landgoed nog nooit meegemaakt.

With the Judge's sons, he had shared work and adventure.

Met de zonen van de rechter deelde hij werk en avontuur.

With the grandsons, he saw stiff and boastful pride.

Bij de kleinzonen zag hij een stijve en opschepperige trots.

With Judge Miller himself, he had a respectful friendship.
Met rechter Miller zelf had hij een respectvolle vriendschap.
But love that was fire, madness, and worship came with Thornton.
Maar met Thornton kwam ook de liefde die vuur, waanzin en aanbidding was.
This man had saved Buck's life, and that alone meant a great deal.
Deze man had Bucks leven gered, en dat alleen al betekende veel.
But more than that, John Thornton was the ideal kind of master.
Maar belangrijker nog, John Thornton was de ideale meester.
Other men cared for dogs out of duty or business necessity.
Andere mannen zorgden voor honden uit plichtsbesef of uit zakelijke noodzaak.
John Thornton cared for his dogs as if they were his children.
John Thornton zorgde voor zijn honden alsof het zijn kinderen waren.
He cared for them because he loved them and simply could not help it.
Hij gaf om hen omdat hij van hen hield en hij kon er niets aan doen.
John Thornton saw even further than most men ever managed to see.
John Thornton zag nog verder dan de meeste mensen ooit konden zien.
He never forgot to greet them kindly or speak a cheering word.
Hij vergat nooit hen vriendelijk te begroeten of een opbeurend woord te spreken.
He loved sitting down with the dogs for long talks, or "gassy," as he said.
Hij hield ervan om lang met de honden te zitten praten, of 'gassy' te zijn, zoals hij het zelf noemde.

He liked to seize Buck's head roughly between his strong hands.

Hij hield ervan Bucks hoofd ruw tussen zijn sterke handen te grijpen.

Then he rested his own head against Buck's and shook him gently.

Toen legde hij zijn hoofd tegen dat van Buck en schudde hem zachtjes.

All the while, he called Buck rude names that meant love to Buck.

Ondertussen schold hij Buck uit voor grove dingen, terwijl hij voor hem juist liefde bedoelde.

To Buck, that rough embrace and those words brought deep joy.

Voor Buck brachten die ruwe omhelzing en die woorden diepe vreugde.

His heart seemed to shake loose with happiness at each movement.

Bij elke beweging leek zijn hart van geluk te trillen.

When he sprang up afterward, his mouth looked like it laughed.

Toen hij daarna opsprong, zag hij eruit alsof zijn mond lachte.

His eyes shone brightly and his throat trembled with unspoken joy.

Zijn ogen straalden en zijn keel trilde van onuitgesproken vreugde.

His smile stood still in that state of emotion and glowing affection.

Zijn glimlach stond stil in die staat van emotie en gloeiende genegenheid.

Then Thornton exclaimed thoughtfully, "God! he can almost speak!"

Toen riep Thornton nadenkend uit: "God! Hij kan bijna praten!"

Buck had a strange way of expressing love that nearly caused pain.

Buck had een vreemde manier om zijn liefde te uiten, die bijna pijn deed.

He often griped Thornton's hand in his teeth very tightly.

Vaak klemde hij Thorntons hand heel hard tussen zijn tanden.

The bite was going to leave deep marks that stayed for some time after.

De beet zou diepe littekens achterlaten die nog een tijdje zichtbaar zouden blijven.

Buck believed those oaths were love, and Thornton knew the same.

Buck geloofde dat die eden liefde betekenden, en Thornton wist dat ook.

Most often, Buck's love showed in quiet, almost silent adoration.

Meestal uitte Bucks liefde zich in stille, bijna geluidloze aanbidding.

Though thrilled when touched or spoken to, he did not seek attention.

Hoewel hij blij was als hij werd aangeraakt of aangesproken, zocht hij geen aandacht.

Skeet nudged her nose under Thornton's hand until he petted her.

Skeet duwde haar neus onder Thorntons hand tot hij haar aaide.

Nig walked up quietly and rested his large head on Thornton's knee.

Nig liep rustig naar hem toe en legde zijn grote hoofd op Thorntons knie.

Buck, in contrast, was satisfied to love from a respectful distance.

Buck vond het daarentegen prima om op een respectvolle afstand lief te hebben.

He lied for hours at Thornton's feet, alert and watching closely.

Hij lag urenlang aan Thorntons voeten, alert en nauwlettend.

Buck studied every detail of his master's face and slightest motion.

Buck bestudeerde elk detail van het gezicht van zijn meester en elke beweging.

Or lied farther away, studying the man's shape in silence.

Of hij lag verderop en bestudeerde in stilte de gestalte van de man.

Buck watched each small move, each shift in posture or gesture.

Buck observeerde elke kleine beweging, elke verandering in houding of gebaar.

So powerful was this connection that often pulled Thornton's gaze.

Deze verbinding was zo krachtig dat Thornton er vaak naar keek.

He met Buck's eyes with no words, love shining clearly through.

Hij keek Buck in de ogen, zonder woorden, maar de liefde scheen er duidelijk doorheen.

For a long while after being saved, Buck never let Thornton out of sight.

Lange tijd nadat Buck gered was, verloor hij Thornton niet uit het oog.

Whenever Thornton left the tent, Buck followed him closely outside.

Telkens wanneer Thornton de tent verliet, volgde Buck hem nauwlettend naar buiten.

All the harsh masters in the Northland had made Buck afraid to trust.

Al die strenge meesters in het Noorden hadden ervoor gezorgd dat Buck bang was om te vertrouwen.

He feared no man could remain his master for more than a short time.

Hij vreesde dat niemand langer dan een korte tijd zijn meester zou kunnen blijven.

He feared John Thornton was going to vanish like Perrault and François.

Hij vreesde dat John Thornton, net als Perrault en François, zou verdwijnen.

Even at night, the fear of losing him haunted Buck's restless sleep.

Zelfs 's nachts bleef Buck onrustig slapen, ondanks de angst hem te verliezen.

When Buck woke, he crept out into the cold, and went to the tent.

Toen Buck wakker werd, sloop hij de kou in en ging naar de tent.

He listened carefully for the soft sound of breathing inside.

Hij luisterde aandachtig of hij het zachte geluid van ademhaling van binnenuit hoorde.

Despite Buck's deep love for John Thornton, the wild stayed alive.

Ondanks Bucks grote liefde voor John Thornton bleef de wildernis in leven.

That primitive instinct, awakened in the North, did not disappear.

Dat primitieve instinct, ontwaakt in het Noorden, is niet verdwenen.

Love brought devotion, loyalty, and the fire-side's warm bond.

Liefde bracht toewijding, loyaliteit en de warme band van het haardvuur met zich mee.

But Buck also kept his wild instincts, sharp and ever alert.

Maar Buck behield ook zijn wilde instincten, scherp en altijd alert.

He was not just a tamed pet from the soft lands of civilization.

Hij was niet zomaar een tam huisdier uit de zachte streken van de beschaving.

Buck was a wild being who had come in to sit by Thornton's fire.

Buck was een wild wezen dat bij het vuur van Thornton kwam zitten.

He looked like a Southland dog, but wildness lived within him.

Hij zag eruit als een hond uit het zuiden, maar hij had een wild karakter.

His love for Thornton was too great to allow theft from the man.

Zijn liefde voor Thornton was te groot om diefstal van de man toe te staan.

But in any other camp, he would steal boldly and without pause.

Maar in elk ander kamp zou hij brutaal en zonder ophouden stelen.

He was so clever in stealing that no one could catch or accuse him.

Hij was zo slim in het stelen dat niemand hem kon betrappen of beschuldigen.

His face and body were covered in scars from many past fights.

Zijn gezicht en lichaam zaten onder de littekens van de vele gevechten uit het verleden.

Buck still fought fiercely, but now he fought with more cunning.

Buck vocht nog steeds fel, maar nu met meer sluwheid.

Skeet and Nig were too gentle to fight, and they were Thornton's.

Skeet en Nig waren te zachtaardig om te vechten, en zij waren van Thornton.

But any strange dog, no matter how strong or brave, gave way.

Maar elke vreemde hond, hoe sterk of dapper ook, gaf toe.

Otherwise, the dog found itself battling Buck; fighting for its life.

Anders zou de hond met Buck moeten vechten, vechtend voor zijn leven.

Buck had no mercy once he chose to fight against another dog.

Buck kende geen genade toen hij besloot om met een andere hond te vechten.

He had learned well the law of club and fang in the Northland.

Hij had de wetten van de knuppel en de slagtand uit het Noorden goed geleerd.

He never gave up an advantage and never backed away from battle.

Hij gaf nooit een voordeel uit handen en deinsde nooit terug voor de strijd.

He had studied Spitz and the fiercest dogs of mail and police.

Hij had Spitz en de gevaarlijkste post- en politiehonden bestudeerd.

He knew clearly there was no middle ground in wild combat.

Hij wist heel goed dat er in een wilde strijd geen middenweg bestond.

He must rule or be ruled; showing mercy meant showing weakness.

Hij moest heersen of geregeerd worden; genade tonen betekende zwakte tonen.

Mercy was unknown in the raw and brutal world of survival.

Genade was onbekend in de ruwe en wrede wereld van overleving.

To show mercy was seen as fear, and fear led quickly to death.

Genade tonen werd gezien als angst, en angst leidde snel tot de dood.

The old law was simple: kill or be killed, eat or be eaten.

De oude wet was simpel: dood of gedood worden, eet of gegeten worden.

That law came from the depths of time, and Buck followed it fully.

Die wet stamt uit de oudheid en Buck hield zich er strikt aan.

Buck was older than his years and the number of breaths he took.

Buck was ouder dan zijn jaren en het aantal ademhalingen dat hij nam.

He connected the ancient past with the present moment clearly.

Hij legde een helder verband tussen het verre verleden en het heden.

The deep rhythms of the ages moved through him like the tides.

De diepe ritmes van de eeuwen bewogen door hem heen als de getijden.

Time pulsed in his blood as surely as seasons moved the earth.

De tijd pulseerde in zijn bloed, net zo zeker als de seizoenen de aarde bewogen.

He sat by Thornton's fire, strong-chested and white-fanged.

Hij zat bij het vuur van Thornton, met zijn sterke borstkas en witte tanden.

His long fur waved, but behind him the spirits of wild dogs watched.

Zijn lange vacht wapperde, maar achter hem keken de geesten van wilde honden toe.

Half-wolves and full wolves stirred within his heart and senses.

In zijn hart en zintuigen roerden zich de gevoelens van halfwolven en echte wolven aan.

They tasted his meat and drank the same water that he did.

Ze proefden zijn vlees en dronken hetzelfde water als hij.

They sniffed the wind alongside him and listened to the forest.

Ze snuffelden met hem mee aan de wind en luisterden naar het bos.

They whispered the meanings of the wild sounds in the darkness.

Ze fluisterden de betekenissen van de wilde geluiden in de duisternis.

They shaped his moods and guided each of his quiet reactions.

Ze beïnvloedden zijn stemmingen en stuurden zijn stille reacties.

They lay with him as he slept and became part of his deep dreams.

Ze lagen bij hem terwijl hij sliep en werden onderdeel van zijn diepe dromen.

They dreamed with him, beyond him, and made up his very spirit.

Zij droomden met hem, voorbij hem, en vormden zijn geest.

The spirits of the wild called so strongly that Buck felt pulled.

De geesten van de wildernis riepen zo sterk dat Buck zich aangetrokken voelde.

Each day, mankind and its claims grew weaker in Buck's heart.

Elke dag werden de mensheid en haar aanspraken zwakker in Bucks hart.

Deep in the forest, a strange and thrilling call was going to rise.

Diep in het bos zou een vreemde en opwindende roep klinken.

Every time he heard the call, Buck felt an urge he could not resist.

Elke keer dat Buck de roep hoorde, voelde hij een drang die hij niet kon weerstaan.

He was going to turn from the fire and from the beaten human paths.

Hij ging zich afkeren van het vuur en van de gebaande menselijke paden.

He was going to plunge into the forest, going forward without knowing why.

Hij wilde het bos in springen, zonder te weten waarom.

He did not question this pull, for the call was deep and powerful.

Hij betwijfelde deze aantrekkingskracht niet, want de roep was diep en krachtig.

Often, he reached the green shade and soft untouched earth

Vaak bereikte hij de groene schaduw en de zachte, ongerepte aarde

But then the strong love for John Thornton pulled him back to the fire.

Maar toen trok zijn sterke liefde voor John Thornton hem weer terug naar het vuur.

Only John Thornton truly held Buck's wild heart in his grasp.

Alleen John Thornton had werkelijk de macht over Bucks wilde hart.

The rest of mankind had no lasting value or meaning to Buck.

De rest van de mensheid had voor Buck geen blijvende waarde of betekenis.

Strangers might praise him or stroke his fur with friendly hands.

Vreemden prezen hem soms of aaiden hem met hun vriendelijke handen over zijn vacht.

Buck remained unmoved and walked off from too much affection.

Buck bleef onberoerd en liep weg omdat hij te veel aanhankelijkheid voelde.

Hans and Pete arrived with the raft that had long been awaited

Hans en Pete arriveerden met het langverwachte vlot

Buck ignored them until he learned they were close to Thornton.

Buck negeerde ze totdat hij hoorde dat ze dicht bij Thornton waren.

After that, he tolerated them, but never showed them full warmth.

Daarna tolereerde hij ze nog wel, maar toonde hij ze nooit zijn volledige warmte.

He took food or kindness from them as if doing them a favor.

Hij nam eten of vriendelijkheid van hen aan, alsof hij hen een gunst bewees.

They were like Thornton—simple, honest, and clear in thought.

Ze waren net als Thornton: eenvoudig, eerlijk en helder van geest.

All together they traveled to Dawson's saw-mill and the great eddy

Samen reisden ze naar Dawson's zagerij en de grote draaikolk

On their journey the learned to understand Buck's nature deeply.

Tijdens hun reis leerden ze Bucks aard beter begrijpen.

They did not try to grow close like Skeet and Nig had done.

Ze probeerden niet dichter naar elkaar toe te groeien zoals Skeet en Nig hadden gedaan.

But Buck's love for John Thornton only deepened over time.

Maar Bucks liefde voor John Thornton werd met de tijd alleen maar groter.

Only Thornton could place a pack on Buck's back in the summer.

Alleen Thornton kon in de zomer een rugzak op Bucks rug plaatsen.

Whatever Thornton commanded, Buck was willing to do fully.

Wat Thornton ook beval, Buck was bereid om volledig te doen.

One day, after they left Dawson for the headwaters of the Tanana,

Op een dag, nadat ze Dawson hadden verlaten voor de bovenloop van de Tanana,

the group sat on a cliff that dropped three feet to bare bedrock.

De groep zat op een klif die bijna een meter afdaalde tot aan de kale rotsbodem.

John Thornton sat near the edge, and Buck rested beside him.

John Thornton zat aan de rand en Buck rustte naast hem.

Thornton had a sudden thought and called the men's attention.

Thornton kreeg plotseling een ingeving en trok de aandacht van de mannen.

He pointed across the chasm and gave Buck a single command.

Hij wees naar de overkant van de kloof en gaf Buck één bevel.

"Jump, Buck!" he said, swinging his arm out over the drop.

"Spring, Buck!" zei hij, terwijl hij zijn arm over de afgrond zwaaide.

In a moment, he had to grab Buck, who was leaping to obey.

Hij moest Buck onmiddellijk grijpen, die meteen opsprong om te gehoorzamen.

Hans and Pete rushed forward and pulled both back to safety.

Hans en Pete renden naar voren en trokken ze allebei in veiligheid.

After all ended, and they had caught their breath, Pete spoke up.

Toen alles voorbij was en ze op adem waren gekomen, sprak Pete.

"The love's uncanny," he said, shaken by the dog's fierce devotion.

"De liefde is wonderbaarlijk", zei hij, geschokt door de felle toewijding van de hond.

Thornton shook his head and replied with calm seriousness.

Thornton schudde zijn hoofd en antwoordde met kalme ernst.

"No, the love is splendid," he said, "but also terrible."

"Nee, de liefde is prachtig," zei hij, "maar ook verschrikkelijk."

"Sometimes, I must admit, this kind of love makes me afraid."

"Soms moet ik toegeven dat dit soort liefde mij bang maakt."

Pete nodded and said, "I'd hate to be the man who touches you."

Pete knikte en zei: "Ik zou niet de man willen zijn die jou aanraakt."

He looked at Buck as he spoke, serious and full of respect.

Hij keek Buck aan terwijl hij sprak, serieus en vol respect.

"Py Jingo!" said Hans quickly. "Me either, no sir."
"Py Jingo!" zei Hans snel. "Ik ook niet, meneer."

Before the year ended, Pete's fears came true at Circle City.
Nog voor het einde van het jaar werden Petes angsten
werkelijkheid bij Circle City.
A cruel man named Black Burton picked a fight in the bar.
Een wrede man genaamd Black Burton begon ruzie in de bar.
**He was angry and malicious, lashing out at a new
tenderfoot.**
Hij was boos en gemeen en viel een nieuwe beginneling aan.
John Thornton stepped in, calm and good-natured as always.
John Thornton stapte in, kalm en goedgehumeurd als altijd.
Buck lay in a corner, head down, watching Thornton closely.
Buck lag in een hoek, met zijn hoofd naar beneden, en hield
Thornton nauwlettend in de gaten.
**Burton suddenly struck, his punch sending Thornton
spinning.**
Burton sloeg plotseling toe en Thornton begon te tollen.
**Only the bar's rail kept him from crashing hard to the
ground.**
Alleen de leuning van de bar voorkwam dat hij hard op de
grond viel.
The watchers heard a sound that was not bark or yelp
De waarnemers hoorden een geluid dat geen geblaf of gejank
was
a deep roar came from Buck as he launched toward the man.
Een diep gebrul klonk uit Buck terwijl hij op de man
afstormde.
Burton threw his arm up and barely saved his own life.
Burton gooide zijn arm in de lucht en redde ternauwernood
zijn eigen leven.
Buck crashed into him, knocking him flat onto the floor.
Buck botste tegen hem aan, waardoor hij plat op de grond viel.
Buck bit deep into the man's arm, then lunged for the throat.
Buck beet diep in de arm van de man en greep hem
vervolgens bij de keel.

Burton could only partly block, and his neck was torn open.
Burton kon de aanval slechts gedeeltelijk blokkeren en zijn
nek scheurde open.

**Men rushed in, clubs raised, and drove Buck off the
bleeding man.**
Mannen renden naar binnen, hielden hun knuppels geheven
en joegen Buck weg van de bloedende man.

**A surgeon worked quickly to stop the blood from flowing
out.**
Een chirurg kwam snel in actie om te voorkomen dat het
bloed wegstroomde.

Buck paced and growled, trying to attack again and again.
Buck liep heen en weer en gromde, terwijl hij steeds opnieuw
probeerde aan te vallen.

Only swinging clubs kept him back from reaching Burton.
Alleen zwaaiende clubs weerhielden hem ervan Burton te
bereiken.

**A miners' meeting was called and held right there on the
spot.**
Er werd ter plekke een vergadering van de mijnwerkers
belegd en gehouden.

**They agreed Buck had been provoked and voted to set him
free.**
Ze waren het erover eens dat Buck was geprovoceerd en
stemden voor zijn vrijlating.

But Buck's fierce name now echoed in every camp in Alaska.
Maar de felle naam van Buck klonk nu in elk kamp in Alaska.

Later that fall, Buck saved Thornton again in a new way.
Later die herfst redde Buck Thornton opnieuw, maar dan op
een nieuwe manier.

The three men were guiding a long boat down rough rapids.
De drie mannen bestuurden een lange boot door ruwe
stroomversnellingen.

Thornton maned the boat, calling directions to the shoreline.
Thornton bestuurde de boot en riep de weg naar de kustlijn.

Hans and Pete ran on land, holding a rope from tree to tree.

Hans en Pete renden over land, met een touw in hun handen van boom tot boom.

Buck kept pace on the bank, always watching his master.

Buck hield gelijke tred met de oever en hield zijn baasje voortdurend in de gaten.

At one nasty place, rocks jutted out under the fast water.

Op een vervelende plek staken er rotsen uit onder het snelstromende water.

Hans let go of the rope, and Thornton steered the boat wide.

Hans liet het touw los en Thornton stuurde de boot wijd.

Hans sprinted to catch the boat again past the dangerous rocks.

Hans rende om de boot weer te pakken en passeerde de gevaarlijke rotsen.

The boat cleared the ledge but hit a stronger part of the current.

De boot kwam over de rand heen, maar stuitte op een sterker deel van de stroming.

Hans grabbed the rope too quickly and pulled the boat off balance.

Hans greep het touw te snel vast en bracht de boot uit balans.

The boat flipped over and slammed into the bank, bottom up.

De boot sloeg om en belandde met de onderkant naar boven op de oever.

Thornton was thrown out and swept into the wildest part of the water.

Thornton werd eruit geslingerd en meegesleurd in het wildste deel van het water.

No swimmer could have survived in those deadly, racing waters.

Geen enkele zwemmer zou hebben kunnen overleven in dat dodelijke, razende water.

Buck jumped in instantly and chased his master down the river.

Buck sprong meteen in het water en achtervolgde zijn baasje de rivier af.

After three hundred yards, he reached Thornton at last.
Na driehonderd meter bereikte hij eindelijk Thornton.
Thornton grabbed Buck's tail, and Buck turned for the shore.
Thornton greep Buck bij zijn staart en Buck liep naar de kust.
He swam with full strength, fighting the water's wild drag.
Hij zwom met volle kracht en verzette zich tegen de sterke weerstand van het water.
They moved downstream faster than they could reach the shore.
Ze bewogen zich sneller stroomafwaarts dan ze de kust konden bereiken.
Ahead, the river roared louder as it fell into deadly rapids.
Voor ons bulderde de rivier nog luider terwijl deze in dodelijke stroomversnellingen stortte.
Rocks sliced through the water like the teeth of a huge comb.
Rotsen sneden door het water als de tanden van een enorme kam.
The pull of the water near the drop was savage and inescapable.
De aantrekkingskracht van het water bij de waterval was enorm en onontkoombaar.
Thornton knew they could never make the shore in time.
Thornton wist dat ze de kust nooit op tijd zouden bereiken.
He scraped over one rock, smashed across a second,
Hij schraapte over een rots, sloeg over een tweede,
And then he crashed into a third rock, grabbing it with both hands.
Vervolgens botste hij tegen een derde rots, die hij met beide handen vastgreep.
He let go of Buck and shouted over the roar, "Go, Buck! Go!"
Hij liet Buck los en riep boven het gebrul uit: "Ga, Buck! Ga!"
Buck could not stay afloat and was swept down by the current.
Buck kon niet blijven drijven en werd door de stroming meegesleurd.

He fought hard, struggling to turn, but made no headway at all.

Hij verzette zich hevig en probeerde zich om te draaien, maar kwam geen stap vooruit.

Then he heard Thornton repeat the command over the river's roar.

Toen hoorde hij Thornton het bevel herhalen, boven het gebulder van de rivier uit.

Buck reared out of the water, raised his head as if for a last look.

Buck kwam uit het water en hief zijn kop op alsof hij hem nog een laatste keer wilde zien.

then turned and obeyed, swimming toward the bank with resolve.

draaide zich om en gehoorzaamde, en zwom vastberaden naar de oever.

Pete and Hans pulled him ashore at the final possible moment.

Op het allerlaatste moment trokken Pete en Hans hem aan land.

They knew Thornton could cling to the rock for only minutes more.

Ze wisten dat Thornton zich nog maar een paar minuten aan de rots kon vastklampen.

They ran up the bank to a spot far above where he was hanging.

Ze renden de oever op naar een plek ver boven de plek waar hij hing.

They tied the boat's line to Buck's neck and shoulders carefully.

Ze maakten de lijn van de boot zorgvuldig vast aan Bucks nek en schouders.

The rope was snug but loose enough for breathing and movement.

Het touw zat strak, maar was los genoeg om te kunnen ademen en bewegen.

Then they launched him into the rushing, deadly river again.

Daarna gooiden ze hem weer in de snelstromende, dodelijke rivier.

Buck swam boldly but missed his angle into the stream's force.

Buck zwom dapper, maar miste de kracht van de stroming.

He saw too late that he was going to drift past Thornton.

Hij zag te laat dat hij Thornton voorbij zou drijven.

Hans jerked the rope tight, as if Buck were a capsizing boat.

Hans trok het touw strak, alsof Buck een kapseizende boot was.

The current pulled him under, and he vanished below the surface.

Hij werd door de stroming meegesleurd en verdween onder het wateroppervlak.

His body struck the bank before Hans and Pete pulled him out.

Zijn lichaam sloeg tegen de oever voordat Hans en Pete hem eruit konden trekken.

He was half-drowned, and they pounded the water out of him.

Hij was half verdronken, en ze sloegen het water uit hem.

Buck stood, staggered, and collapsed again onto the ground.

Buck stond op, wankelde en viel weer op de grond.

Then they heard Thornton's voice faintly carried by the wind.

Toen hoorden ze Thorntons stem zwakjes door de wind worden meegevoerd.

Though the words were unclear, they knew he was near death.

Ook al waren de woorden onduidelijk, ze wisten dat hij bijna dood was.

The sound of Thornton's voice hit Buck like an electric jolt.

Het geluid van Thorntons stem trof Buck als een elektrische schok.

He jumped up and ran up the bank, returning to the launch point.

Hij sprong op, rende de oever op en keerde terug naar het vertrekpunt.

Again they tied the rope to Buck, and again he entered the stream.

Opnieuw bonden ze het touw aan Buck vast, en opnieuw stapte hij de beek in.

This time, he swam directly and firmly into the rushing water.

Deze keer zwom hij rechtstreeks en vastberaden het stromende water in.

Hans let out the rope steadily while Pete kept it from tangling.

Hans liet het touw rustig los en Pete zorgde ervoor dat het niet in de knoop raakte.

Buck swam hard until he was lined up just above Thornton.

Buck zwom hard tot hij vlak boven Thornton lag.

Then he turned and charged down like a train in full speed.

Toen draaide hij zich om en rende er als een trein op volle snelheid vandoor.

Thornton saw him coming, braced, and locked arms around his neck.

Thornton zag hem aankomen, schrapte zich schrap en sloeg zijn armen om zijn nek.

Hans tied the rope fast around a tree as both were pulled under.

Hans bond het touw vast om een boom terwijl ze beiden naar beneden werden getrokken.

They tumbled underwater, smashing into rocks and river debris.

Ze stortten onder water neer en kwamen tegen de rotsen en het rivierafval terecht.

One moment Buck was on top, the next Thornton rose gasping.

Het ene moment zat Buck bovenop, het volgende moment stond Thornton hijgend op.

Battered and choking, they veered to the bank and safety.

Gehavend en stikkend, zochten ze hun toevlucht tot de oever, op zoek naar veiligheid.

Thornton regained consciousness, lying across a drift log.

Thornton kwam weer bij bewustzijn terwijl hij op een drijfboomstam lag.

Hans and Pete worked him hard to bring back breath and life.

Hans en Pete hebben hard gewerkt om hem weer op adem te brengen en leven te geven.

His first thought was for Buck, who lay motionless and limp.

Zijn eerste gedachte ging uit naar Buck, die roerloos en slap op de grond lag.

Nig howled over Buck's body, and Skeet licked his face gently.

Nig huilde over Bucks lichaam en Skeet likte zachtjes zijn gezicht.

Thornton, sore and bruised, examined Buck with careful hands.

Thornton, pijnlijk en gekneusd, onderzocht Buck voorzichtig.

He found three ribs broken, but no deadly wounds in the dog.

Hij constateerde dat de hond drie gebroken ribben had, maar geen dodelijke verwondingen.

"That settles it," Thornton said. "We camp here." And they did.

"Dat is het dan," zei Thornton. "We kamperen hier." En dat deden ze.

They stayed until Buck's ribs healed and he could walk again.

Ze bleven totdat Bucks ribben genezen waren en hij weer kon lopen.

That winter, Buck performed a feat that raised his fame further.

Die winter leverde Buck een prestatie die zijn roem verder vergrootte.

It was less heroic than saving Thornton, but just as impressive.

Het was minder heldhaftig dan het redden van Thornton, maar net zo indrukwekkend.

At Dawson, the partners needed supplies for a distant journey.

In Dawson hadden de partners proviand nodig voor een verre reis.

They wanted to travel East, into untouched wilderness lands.

Ze wilden naar het oosten reizen, naar de ongerepte wildernis.

Buck's deed in the Eldorado Saloon made that trip possible.

Buck's act in de Eldorado Saloon maakte die reis mogelijk.

It began with men bragging about their dogs over drinks.

Het begon met mannen die tijdens een drankje opschepten over hun honden.

Buck's fame made him the target of challenges and doubt.

Door zijn roem werd Buck het doelwit van uitdagingen en twijfels.

Thornton, proud and calm, stood firm in defending Buck's name.

Thornton, trots en kalm, bleef standvastig de naam van Buck verdedigen.

One man said his dog could pull five hundred pounds with ease.

Een man zei dat zijn hond met gemak 227 kilo kon trekken.

Another said six hundred, and a third bragged seven hundred.

Een ander zei zeshonderd, en een derde pochte zevenhonderd.

"Pfft!" said John Thornton, "Buck can pull a thousand pound sled."

"Pfft!" zei John Thornton, "Buck kan een slee van duizend pond trekken."

Matthewson, a Bonanza King, leaned forward and challenged him.

Matthewson, een Bonanza King, boog zich naar voren en daagde hem uit.

"You think he can put that much weight into motion?"

"Denk je dat hij zoveel gewicht in beweging kan zetten?"

"And you think he can pull the weight a full hundred yards?"

"En denk je dat hij dat gewicht een volle honderd meter kan trekken?"

Thornton replied coolly, "Yes. Buck is dog enough to do it."

Thornton antwoordde koeltjes: "Ja. Buck is hond genoeg om het te doen."

"He'll put a thousand pounds into motion, and pull it a hundred yards."

"Hij zet duizend kilo in beweging en trekt het honderd meter verder."

Matthewson smiled slowly and made sure all men heard his words.

Matthewson glimlachte langzaam en zorgde ervoor dat iedereen zijn woorden kon horen.

"I've got a thousand dollars that says he can't. There it is."

"Ik heb duizend dollar waarop staat dat hij het niet kan. Daar is het."

He slammed a sack of gold dust the size of sausage on the bar.

Hij gooide een zak goudstof, ter grootte van een worst, op de bar.

Nobody said a word. The silence grew heavy and tense around them.

Niemand zei een woord. De stilte om hen heen werd zwaar en gespannen.

Thornton's bluff — if it was one — had been taken seriously.

Thorntons bluf – als het er een was – werd serieus genomen.

He felt heat rise in his face as blood rushed to his cheeks.

Hij voelde de hitte in zijn gezicht toenemen en het bloed stroomde naar zijn wangen.

His tongue had gotten ahead of his reason in that moment.

Op dat moment was zijn tong zijn verstand voorbijgestreefd.

He truly didn't know if Buck could move a thousand pounds.

Hij wist werkelijk niet of Buck duizend pond kon verplaatsen.

Half a ton! The size of it alone made his heart feel heavy.

Een halve ton! Alleen al de omvang ervan maakte hem zwaar op de maag.

He had faith in Buck's strength and had thought him capable.

Hij had vertrouwen in Bucks kracht en achtte hem capabel.

But he had never faced this kind of challenge, not like this.

Maar hij was nog nooit voor een dergelijke uitdaging komen te staan.

A dozen men watched him quietly, waiting to see what he'd do.

Een tiental mannen keken hem stilletjes aan en wachtten af wat hij zou doen.

He didn't have the money—neither did Hans or Pete.

Hij had het geld niet, en Hans en Pete ook niet.

"I've got a sled outside," said Matthewson coldly and direct.

"Ik heb buiten een slee staan," zei Matthewson koud en direct.

"It's loaded with twenty sacks, fifty pounds each, all flour.

"Hij is geladen met twintig zakken van vijftig pond per stuk, allemaal meel.

So don't let a missing sled be your excuse now," he added.

"Laat een vermiste slee dus niet langer uw excuus zijn", voegde hij eraan toe.

Thornton stood silent. He didn't know what words to offer.

Thornton bleef stil. Hij wist niet welke woorden hij moest gebruiken.

He looked around at the faces without seeing them clearly.

Hij keek rond naar de gezichten, maar zag ze niet duidelijk.

He looked like a man frozen in thought, trying to restart.

Hij zag eruit als een man die in gedachten verzonken was en probeerde opnieuw te beginnen.

Then he saw Jim O'Brien, a friend from the Mastodon days.

Toen zag hij Jim O'Brien, een vriend uit de Mastodon-tijd.

That familiar face gave him courage he didn't know he had.

Dat bekende gezicht gaf hem moed waarvan hij niet wist dat hij het had.

He turned and asked in a low voice, "Can you lend me a thousand?"

Hij draaide zich om en vroeg met gedempte stem: "Kun je mij duizend lenen?"

"Sure," said O'Brien, dropping a heavy sack by the gold already.

"Tuurlijk," zei O'Brien, terwijl hij alvast een zware zak bij het goud liet vallen.

"But truthfully, John, I don't believe the beast can do this."

"Maar eerlijk gezegd, John, geloof ik niet dat het beest dit kan."

Everyone in the Eldorado Saloon rushed outside to see the event.

Iedereen in de Eldorado Saloon haastte zich naar buiten om het evenement te zien.

They left tables and drinks, and even the games were paused.

Er werden tafels en drankjes neergezet en zelfs de spelen werden stilgelegd.

Dealers and gamblers came to witness the bold wager's end.

Gokkers en dealers kwamen om het einde van de gewaagde weddenschap te aanschouwen.

Hundreds gathered around the sled in the icy open street.

Honderden mensen verzamelden zich rond de slee op de ijzige, open straat.

Matthewson's sled stood with a full load of flour sacks.

De slee van Matthewson stond vol met zakken meel.

The sled had been sitting for hours in minus temperatures.

De slee had urenlang bij temperaturen onder het vriespunt stilgestaan.

The sled's runners were frozen tight to the packed-down snow.

De glijders van de slee zaten vastgevroren aan de aangestampte sneeuw.

Men offered two-to-one odds that Buck could not move the sled.

De mannen gaven een quotering van twee tegen één dat Buck
de slee niet kon verplaatsen.

A dispute broke out about what "break out" really meant.
Er ontstond een meningsverschil over de vraag wat
'uitbreken' precies betekende.

O'Brien said Thornton should loosen the sled's frozen base.
O'Brien zei dat Thornton de bevroren basis van de slee los
moest maken.

Buck could then "break out" from a solid, motionless start.
Buck kon toen 'uitbreken' vanuit een solide, bewegingloze
start.

Matthewson argued the dog must break the runners free too.
Matthewson stelde dat de hond ook de renners moest
bevrijden.

**The men who had heard the bet agreed with Matthewson's
view.**
De mannen die van de weddenschap hadden gehoord, waren
het eens met Matthewsons standpunt.

**With that ruling, the odds jumped to three-to-one against
Buck.**
Met deze uitspraak steeg de odds naar drie tegen één in het
nadeel van Buck.

**No one stepped forward to take the growing three-to-one
odds.**
Niemand durfde de groeiende kans van drie tegen één te
accepteren.

Not a single man believed Buck could perform the great feat.
Niemand geloofde dat Buck deze grote prestatie zou kunnen
leveren.

Thornton had been rushed into the bet, heavy with doubts.
Thornton was overhaast met de weddenschap begonnen, vol
twijfels.

Now he looked at the sled and the ten-dog team beside it.
Nu keek hij naar de slee en het span van tien honden ernaast.

Seeing the reality of the task made it seem more impossible.
Toen ik de werkelijkheid onder ogen zag, leek het steeds
onmogelijker.

Matthewson was full of pride and confidence in that moment.

Matthewson was op dat moment vervuld van trots en zelfvertrouwen.

"Three to one!" he shouted. "I'll bet another thousand, Thornton!

"Drie tegen één!" riep hij. "Ik wed nog eens duizend, Thornton!

What do you say?" he added, loud enough for all to hear.

"Wat zeg je?" voegde hij eraan toe, luid genoeg zodat iedereen het kon horen.

Thornton's face showed his doubts, but his spirit had risen.

Thorntons gezicht verraadde zijn twijfels, maar zijn geest was opgestaan.

That fighting spirit ignored odds and feared nothing at all.

Die vechtlust negeerde alle tegenslagen en was nergens bang voor.

He called Hans and Pete to bring all their cash to the table.

Hij belde Hans en Pete en vroeg of ze al hun geld op tafel wilden leggen.

They had little left—only two hundred dollars combined.

Ze hadden bijna niets meer over: samen nog maar tweehonderd dollar.

This small sum was their total fortune during hard times.

Dit kleine bedrag was hun totale fortuin tijdens moeilijke tijden.

Still, they laid all of the fortune down against Matthewson's bet.

Toch zetten ze hun hele fortuin in tegen Matthewsons weddenschap.

The ten-dog team was unhitched and moved away from the sled.

Het span van tien honden werd afgekoppeld en liep weg van de slee.

Buck was placed in the reins, wearing his familiar harness.

Buck werd aan de teugels gezet, zijn vertrouwde tuig om.

He had caught the energy of the crowd and felt the tension.

Hij had de energie van het publiek opgevangen en voelde de spanning.

Somehow, he knew he had to do something for John Thornton.

Op de een of andere manier wist hij dat hij iets moest doen voor John Thornton.

People murmured with admiration at the dog's proud figure.

Mensen mompelden vol bewondering toen ze de trotse gestalte van de hond zagen.

He was lean and strong, without a single extra ounce of flesh.

Hij was slank en sterk, zonder ook maar een grammetje teveel vlees.

His full weight of hundred fifty pounds was all power and endurance.

Zijn totale gewicht van honderdvijftig kilo was niets dan kracht en uithoudingsvermogen.

Buck's coat gleamed like silk, thick with health and strength.

Bucks vacht glansde als zijde, dik van gezondheid en kracht.

The fur along his neck and shoulders seemed to lift and bristle.

De vacht op zijn nek en schouders leek overeind te gaan staan.

His mane moved slightly, each hair alive with his great energy.

Zijn manen bewogen een beetje, elk haartje leefde op door zijn grote energie.

His broad chest and strong legs matched his heavy, tough frame.

Zijn brede borstkas en sterke benen pasten bij zijn zware, stoere lichaam.

Muscles rippled under his coat, tight and firm as bound iron.

Onder zijn jas rimpelden spieren, strak en stevig als gebonden ijzer.

Men touched him and swore he was built like a steel machine.

Mannen raakten hem aan en zwoeren dat hij gebouwd was als een stalen machine.

The odds dropped slightly to two to one against the great dog.

De kans dat de grote hond zou winnen daalde lichtjes naar twee tegen één.

A man from the Skookum Benches pushed forward, stuttering.

Een man van de Skookum-banken duwde stotterend naar voren.

"Good, sir! I offer eight hundred for him—before the test, sir!"

"Goed, meneer! Ik bied hem achthonderd dollar - vóór de test, meneer!"

"Eight hundred, as he stands right now!" the man insisted.

"Achthonderd, zoals hij er nu staat!" hield de man vol.

Thornton stepped forward, smiled, and shook his head calmly.

Thornton stapte naar voren, glimlachte en schudde kalm zijn hoofd.

Matthewson quickly stepped in with a warning voice and frown.

Matthewson kwam snel tussenbeide met een waarschuwende stem en een frons.

"You must step away from him," he said. "Give him space."

"Je moet bij hem vandaan gaan," zei hij. "Geef hem de ruimte."

The crowd grew silent; only gamblers still offered two to one.

De menigte werd stil; alleen gokkers boden nog twee tegen één aan.

Everyone admired Buck's build, but the load looked too great.

Iedereen bewonderde Bucks bouw, maar de lading leek te groot.

Twenty sacks of flour—each fifty pounds in weight—seemed far too much.

Twintig zakken meel, elk 23 kilo zwaar, leek me veel te veel.

No one was willing to open their pouch and risk their money.

Niemand wilde zijn buidel openen en zijn geld riskeren.

Thornton knelt beside Buck and took his head in both hands.

Thornton knielde naast Buck en nam zijn hoofd in beide handen.

He pressed his cheek against Buck's and spoke into his ear.

Hij drukte zijn wang tegen die van Buck en sprak in zijn oor.

There was no playful shaking or whispered loving insults now.

Er was nu geen sprake meer van speels schudden of gefluisterde, liefdevolle beledigingen.

He only murmured softly, "As much as you love me, Buck."

Hij mompelde alleen zachtjes: "Zoveel als je van me houdt, Buck."

Buck let out a quiet whine, his eagerness barely restrained.

Buck liet een zacht gejank horen, zijn enthousiasme nauwelijks te beteugelen.

The onlookers watched with curiosity as tension filled the air.

De omstanders keken nieuwsgierig toe hoe de spanning in de lucht hing.

The moment felt almost unreal, like something beyond reason.

Het voelde een bijna onwerkelijk moment, als iets wat de rede te boven ging.

When Thornton stood, Buck gently took his hand in his jaws.

Toen Thornton opstond, pakte Buck zachtjes zijn hand vast.

He pressed down with his teeth, then let go slowly and gently.

Hij drukte met zijn tanden op de tanden en liet ze toen langzaam en voorzichtig los.

It was a silent answer of love, not spoken, but understood.

Het was een stil antwoord van liefde, niet uitgesproken, maar begrepen.

Thornton stepped well back from the dog and gave the signal.

Thornton deed een stap op afstand van de hond en gaf het signaal.

"Now, Buck," he said, and Buck responded with focused calm.

"Nou, Buck," zei hij, en Buck reageerde met geconcentreerde kalmte.

Buck tightened the traces, then loosened them by a few inches.

Buck spande de sporen aan, en draaide ze daarna een paar centimeter losser.

This was the method he had learned; his way to break the sled.

Dit was de methode die hij had geleerd; zijn manier om de slee te breken.

"Gee!" Thornton shouted, his voice sharp in the heavy silence.

"Jee!" riep Thornton, zijn stem scherp in de zware stilte.

Buck turned to the right and lunged with all of his weight.

Buck draaide zich naar rechts en haalde met zijn hele gewicht uit.

The slack vanished, and Buck's full mass hit the tight traces.

De speling verdween en Bucks volle massa kwam in de nauwe doorgangen terecht.

The sled trembled, and the runners made a crisp crackling sound.

De slee trilde en de lopers maakten een krakend geluid.

"Haw!" Thornton commanded, shifting Buck's direction again.

"Ha!" beval Thornton, terwijl hij Buck weer van richting veranderde.

Buck repeated the move, this time pulling sharply to the left.

Buck herhaalde de beweging, maar deze keer trok hij scherp naar links.

The sled cracked louder, the runners snapping and shifting.

De slee kraakte steeds harder, de renners knapten en bewogen.

The heavy load slid slightly sideways across the frozen snow.

De zware last gleed lichtjes zijwaarts over de bevroren sneeuw.

The sled had broken free from the grip of the icy trail!

De slee was losgebroken uit de greep van het ijzige pad!

Men held their breath, unaware they were not even breathing.

De mannen hielden hun adem in, zich er niet van bewust dat ze niet ademden.

"Now, PULL!" Thornton cried out across the frozen silence.

"Nu, TREK!" riep Thornton door de bevroren stilte.

Thornton's command rang out sharp, like the crack of a whip.

Thorntons bevel klonk scherp, als het geluid van een zweep.

Buck hurled himself forward with a fierce and jarring lunge.

Buck wierp zich naar voren met een felle en schokkende uitval.

His whole frame tensed and bunched for the massive strain.

Zijn hele lichaam spande zich aan en werd onrustig door de enorme druk.

Muscles rippled under his fur like serpents coming alive.

Spieren rimpelden onder zijn vacht alsof er slangen tot leven kwamen.

His great chest was low, head stretched forward toward the sled.

Zijn grote borst was laag en hij had zijn hoofd vooruit gericht, richting de slee.

His paws moved like lightning, claws slicing the frozen ground.

Zijn poten bewogen als bliksemschichten, zijn klauwen sneden door de bevroren grond.

Grooves were cut deep as he fought for every inch of traction.

Hij sneed diepe groeven in de grond terwijl hij vocht voor elke centimeter grip.

The sled rocked, trembled, and began a slow, uneasy motion.

De slee schommelde, trilde en begon langzaam en onrustig te bewegen.

One foot slipped, and a man in the crowd groaned aloud.

Eén voet gleed uit en een man in de menigte kreunde luid.

Then the sled lunged forward in a jerking, rough movement.

Toen schoot de slee met een schokkende, ruwe beweging naar voren.

It didn't stop again—half an inch...an inch...two inches more.

Het stopte niet opnieuw - een halve inch... een inch... twee inches meer.

The jerks became smaller as the sled began to gather speed.

Naarmate de slee meer snelheid kreeg, werden de schokken minder.

Soon Buck was pulling with smooth, even, rolling power.

Al snel trok Buck met soepele, gelijkmatige, rollende kracht.

Men gasped and finally remembered to breathe again.

Mannen snakten naar adem en konden pas weer ademhalen.

They had not noticed their breath had stopped in awe.

Ze hadden niet gemerkt dat hun adem stokte van ontzag.

Thornton ran behind, calling out short, cheerful commands.

Thornton rende achter hen aan en riep korte, vrolijke commando's.

Ahead was a stack of firewood that marked the distance.

Voor ons lag een stapel brandhout die de afstand markeerde.

As Buck neared the pile, the cheering grew louder and louder.

Terwijl Buck de stapel naderde, werd het gejuich steeds luider.

The cheering swelled into a roar as Buck passed the end point.

Het gejuich groeide uit tot een gebrul toen Buck het eindpunt passeerde.

Men jumped and shouted, even Matthewson broke into a grin.

Mannen sprongen en schreeuwden, zelfs Matthewson begon te grijnzen.

Hats flew into the air, mittens were tossed without thought or aim.

Hoeden vlogen door de lucht, wanten werden gedachteloos en doelloos weggegooid.

Men grabbed each other and shook hands without knowing who.

Mannen pakten elkaar vast en schudden elkaar de hand, zonder dat ze wisten wie.

The whole crowd buzzed in wild, joyful celebration.

De hele menigte was uitgelaten en uitgelaten in feestvreugde.

Thornton dropped to his knees beside Buck with trembling hands.

Thornton knielde met trillende handen naast Buck neer.

He pressed his head to Buck's and shook him gently back and forth.

Hij drukte zijn hoofd tegen dat van Buck en schudde hem zachtjes heen en weer.

Those who approached heard him curse the dog with quiet love.

Degenen die dichterbij kwamen hoorden hem met stille liefde de hond vervloeken.

He swore at Buck for a long time—softly, warmly, with emotion.

Hij vloekte langdurig tegen Buck, zacht, warm en emotioneel.

"Good, sir! Good, sir!" cried the Skookum Bench king in a rush.

"Goed, meneer! Goed, meneer!" riep de koning van de Skookum Bench haastig.

"I'll give you a thousand—no, twelve hundred—for that dog, sir!"

"Ik geef u duizend, nee, twaalfhonderd, voor die hond, meneer!"

Thornton rose slowly to his feet, his eyes shining with emotion.

Thornton stond langzaam op, zijn ogen straalden van emotie.

Tears streamed openly down his cheeks without any shame.
Tranen stroomden schaamteloos over zijn wangen.
"Sir," he said to the Skookum Bench king, steady and firm
"Meneer," zei hij tegen de koning van de Skookum Bench,
standvastig en vastberaden
"No, sir. You can go to hell, sir. That's my final answer."
"Nee, meneer. U kunt naar de hel lopen, meneer. Dat is mijn
definitieve antwoord."
Buck grabbed Thornton's hand gently in his strong jaws.
Buck greep Thorntons hand zachtjes vast met zijn sterke
kaken.
Thornton shook him playfully, their bond deep as ever.
Thornton schudde hem speels; hun band was nog steeds
hecht.
The crowd, moved by the moment, stepped back in silence.
De menigte, ontroerd door het moment, deed in stilte een stap
achteruit.
From then on, none dared interrupt such sacred affection.
Vanaf dat moment durfde niemand meer zo'n heilige
genegenheid te onderbreken.

The Sound of the Call
Het geluid van de roep

Buck had earned sixteen hundred dollars in five minutes.
Buck had in vijf minuten zestienhonderd dollar verdiend.
The money let John Thornton pay off some of his debts.
Met het geld kon John Thornton een deel van zijn schulden afbetalen.
With the rest of the money he headed East with his partners.
Met de rest van het geld vertrok hij met zijn partners naar het oosten.
They sought a fabled lost mine, as old as the country itself.
Ze zochten naar een legendarische verloren mijn, die net zo oud was als het land zelf.
Many men had looked for the mine, but few had ever found it.
Veel mannen hadden naar de mijn gezocht, maar weinigen hadden hem ooit gevonden.
More than a few men had vanished during the dangerous quest.
Tijdens de gevaarlijke zoektocht waren er nogal wat mannen verdwenen.
This lost mine was wrapped in both mystery and old tragedy.
Deze verloren mijn was omgeven door mysterie en oude tragedie.
No one knew who the first man to find the mine had been.
Niemand wist wie de eerste man was die de mijn had gevonden.
The oldest stories don't mention anyone by name.
In de oudste verhalen wordt niemand bij naam genoemd.
There had always been an ancient ramshackle cabin there.
Er heeft altijd een oude, bouwvallige hut gestaan.
Dying men had sworn there was a mine next to that old cabin.
Stervende mannen hadden gezworen dat er naast die oude hut een mijn lag.

They proved their stories with gold like none found elsewhere.

Ze bewezen hun verhalen met goud, zoals je dat nergens anders kunt vinden.

No living soul had ever looted the treasure from that place.

Geen enkel levend wezen had ooit de schat van die plek meegenomen.

The dead were dead, and dead men tell no tales.

De doden waren dood, en dode mannen vertellen geen verhalen.

So Thornton and his friends headed into the East.

Thornton en zijn vrienden vertrokken dus naar het oosten.

Pete and Hans joined, bringing Buck and six strong dogs.

Pete en Hans gingen mee en brachten Buck en zes sterke honden mee.

They set off down an unknown trail where others had failed.

Ze gingen een onbekend pad op, waar anderen faalden.

They sledded seventy miles up the frozen Yukon River.

Ze sleeën honderd kilometer over de bevroren Yukon rivier.

They turned left and followed the trail into the Stewart.

Ze sloegen linksaf en volgden het pad naar de Stewart.

They passed the Mayo and McQuestion, pressing farther on.

Ze passeerden de Mayo en McQuestion en liepen steeds verder.

The Stewart shrank into a stream, threading jagged peaks.

De Stewart kromp tot een stroom met grillige pieken.

These sharp peaks marked the very spine of the continent.

Deze scherpe pieken vormden de ruggengraat van het continent.

John Thornton demanded little from men or the wild land.

John Thornton stelde weinig eisen aan de mensen of aan de wildernis.

He feared nothing in nature and faced the wild with ease.

Hij was nergens bang voor in de natuur en trotseerde de wildernis met gemak.

With only salt and a rifle, he could travel where he wished.

Met alleen zout en een geweer kon hij reizen waarheen hij wilde.

Like the natives, he hunted food while he journeyed along.
Net als de inheemse bevolking ging hij op jacht naar voedsel tijdens zijn reizen.

If he caught nothing, he kept going, trusting luck ahead.
Als hij niets ving, ging hij gewoon door, vertrouwend op het geluk dat hem te wachten stond.

On this long journey, meat was the main thing they ate.
Tijdens deze lange reis was vlees het belangrijkste voedsel.

The sled held tools and ammo, but no strict timetable.
De slee bevatte gereedschap en munitie, maar er was geen sprake van een vast tijdschema.

Buck loved this wandering; the endless hunt and fishing.
Buck hield van dit omzwervingen; van het eindeloze jagen en vissen.

For weeks they were traveling day after steady day.
Wekenlang waren ze dag in dag uit op reis.

Other times they made camps and stayed still for weeks.
Soms zetten ze kampen op en bleven dan wekenlang stil.

The dogs rested while the men dug through frozen dirt.
De honden rustten uit terwijl de mannen door de bevroren grond groeven.

They warmed pans over fires and searched for hidden gold.
Ze verwarmden pannen op vuren en zochten naar verborgen goud.

Some days they starved, and some days they had feasts.
Soms leden ze honger, en andere dagen vierden ze feest.

Their meals depended on the game and the luck of the hunt.
Hun maaltijden waren afhankelijk van het wild en het geluk bij de jacht.

When summer came, men and dogs packed loads on their backs.
Toen de zomer aanbrak, namen mannen en honden allerlei lasten op hun rug.

They rafted across blue lakes hidden in mountain forests.

Ze raften over blauwe meren die verborgen lagen in de bergbossen.

They sailed slim boats on rivers no man had ever mapped.
Ze voeren in smalle bootjes over rivieren die nog nooit door iemand in kaart waren gebracht.

Those boats were built from trees they sawed in the wild.
Die boten waren gemaakt van bomen die ze in het wild hadden omgezaagd.

The months passed, and they twisted through the wild unknown lands.
De maanden verstreken en ze kronkelden door de wilde, onbekende streken.

There were no men there, yet old traces hinted that men had been.
Er waren geen mannen aanwezig, maar oude sporen wezen erop dat er wel mannen waren geweest.

If the Lost Cabin was real, then others had once come this way.
Als de Lost Cabin echt is, dan zijn er ook anderen langs gekomen.

They crossed high passes in blizzards, even during the summer.
Ze staken tijdens sneeuwstormen hoge bergpassen over, zelfs in de zomer.

They shivered under the midnight sun on bare mountain slopes.
Ze rilden onder de middernachtzon op de kale berghellingen.

Between the treeline and the snowfields, they climbed slowly.
Tussen de boomgrens en de sneeuwvelden klommen ze langzaam.

In warm valleys, they swatted at clouds of gnats and flies.
In warme valleien sloegen ze op wolken muggen en vliegen af.

They picked sweet berries near glaciers in full summer bloom.

Ze plukten zoete bessen vlak bij gletsjers die in de zomer volop in bloei stonden.

The flowers they found were as lovely as those in the Southland.

De bloemen die ze vonden waren net zo mooi als die in het Zuiden.

That fall they reached a lonely region filled with silent lakes.

Die herfst bereikten ze een eenzaam gebied vol stille meren.

The land was sad and empty, once alive with birds and beasts.

Het land was triest en leeg. Ooit was het een plek vol vogels en dieren.

Now there was no life, just the wind and ice forming in pools.

Er was geen leven meer, alleen de wind en het ijs dat zich vormde in de plassen.

Waves lapped against empty shores with a soft, mournful sound.

Golven klotsten tegen de lege kusten met een zacht, treurig geluid.

Another winter came, and they followed faint, old trails again.

Er brak een nieuwe winter aan en ze volgden weer vage, oude paden.

These were the trails of men who had searched long before them.

Dit waren de sporen van mannen die al lang vóór hen op zoek waren.

Once they found a path cut deep into the dark forest.

Op een dag vonden ze een pad diep in het donkere bos.

It was an old trail, and they felt the lost cabin was close.

Het was een oud pad en ze hadden het gevoel dat de verloren hut dichtbij was.

But the trail led nowhere and faded into the thick woods.

Maar het pad leidde nergens heen en verdween in het dichte bos.

Whoever made the trail, and why they made it, no one knew.

Wie het pad ook had aangelegd en waarom, niemand wist het.

Later, they found the wreck of a lodge hidden among the trees.

Later vonden ze het wrak van een hut, verscholen tussen de bomen.

Rotting blankets lay scattered where someone once had slept.

Rottende dekens lagen verspreid op de plek waar ooit iemand had geslapen.

John Thornton found a long-barreled flintlock buried inside.

John Thornton vond er een vuursteengeweer met een lange loop in begraven.

He knew this was a Hudson Bay gun from early trading days.

Hij wist al vanaf het begin dat dit een Hudson Bay-geweer was.

In those days such guns were traded for stacks of beaver skins.

In die tijd werden zulke geweren geruild voor stapels bevervellen.

That was all—no clue remained of the man who built the lodge.

Dat was alles. Er was geen spoor meer over van de man die de lodge had gebouwd.

Spring came again, and they found no sign of the Lost Cabin.

De lente brak weer aan en er was geen spoor te bekennen van de Verloren Hut.

Instead they found a broad valley with a shallow stream.

In plaats daarvan vonden ze een brede vallei met een ondiepe beek.

Gold lay across the pan bottoms like smooth, yellow butter.

Het goud lag op de bodem van de pannen, als gladde, gele boter.

They stopped there and searched no farther for the cabin.
Ze bleven daar staan en zochten niet verder naar de hut.

Each day they worked and found thousands in gold dust.
Elke dag werkten ze en vonden duizenden exemplaren in goudstof.

They packed the gold in bags of moose-hide, fifty pounds each.
Ze verpakten het goud in zakken van elandenhuid, elk 50 kilo zwaar.

The bags were stacked like firewood outside their small lodge.
De zakken stonden als brandhout opgestapeld buiten hun kleine hut.

They worked like giants, and the days passed like quick dreams.
Ze werkten als reuzen en de dagen vlogen voorbij als dromen die snel voorbijgingen.

They heaped up treasure as the endless days rolled swiftly by.
Ze verzamelden schatten terwijl de eindeloze dagen snel voorbijgingen.

There was little for the dogs to do except haul meat now and then.
De honden hadden weinig anders te doen dan af en toe vlees te slepen.

Thornton hunted and killed the game, and Buck lay by the fire.
Thornton jaagde en doodde het wild, terwijl Buck bij het vuur lag.

He spent long hours in silence, lost in thought and memory.
Hij bracht lange uren in stilte door, verloren in gedachten en herinneringen.

The image of the hairy man came more often into Buck's mind.

Het beeld van de harige man kwam steeds vaker in gedachten bij Buck.

Now that work was scarce, Buck dreamed while blinking at the fire.

Nu het werk schaars was, droomde Buck terwijl hij met zijn ogen knipperend naar het vuur keek.

In those dreams, Buck wandered with the man in another world.

In die dromen zwierf Buck met de man rond in een andere wereld.

Fear seemed the strongest feeling in that distant world.

Angst leek het sterkste gevoel in die verre wereld.

Buck saw the hairy man sleep with his head bowed low.

Buck zag de harige man slapen met zijn hoofd gebogen.

His hands were clasped, and his sleep was restless and broken.

Hij had zijn handen gevouwen en sliep onrustig en onderbroken.

He used to wake with a start and stare fearfully into the dark.

Hij schrok vaak wakker en staarde angstig in de duisternis.

Then he'd toss more wood onto the fire to keep the flame bright.

Dan gooide hij meer hout op het vuur om de vlam brandend te houden.

Sometimes they walked along a beach by a gray, endless sea.

Soms liepen ze langs een strand met een eindeloze, grijze zee.

The hairy man picked shellfish and ate them as he walked.

De harige man verzamelde schelpdieren en at ze terwijl hij liep.

His eyes searched always for hidden dangers in the shadows.

Zijn ogen zochten voortdurend naar verborgen gevaren in de schaduwen.

His legs were always ready to sprint at the first sign of threat.

Zijn benen stonden altijd klaar om te sprinten zodra er sprake was van dreiging.

They crept through the forest, silent and wary, side by side.
Ze slopen zij aan zij, stil en op hun hoede, door het bos.

Buck followed at his heels, and both of them stayed alert.
Buck volgde hem op de hielen en ze bleven allebei alert.

Their ears twitched and moved, their noses sniffed the air.
Hun oren trilden en bewogen, hun neuzen snuffelden in de lucht.

The man could hear and smell the forest as sharply as Buck.
De man kon het bos net zo scherp horen en ruiken als Buck.

The hairy man swung through the trees with sudden speed.
De harige man zwaaide met plotselinge snelheid door de bomen.

He leapt from branch to branch, never missing his grip.
Hij sprong van tak naar tak, zonder zijn grip te verliezen.

He moved as fast above the ground as he did upon it.
Hij bewoog zich net zo snel boven de grond als erop.

Buck remembered long nights beneath the trees, keeping watch.
Buck herinnert zich de lange nachten dat hij onder de bomen de wacht hield.

The man slept roosting in the branches, clinging tight.
De man sliep terwijl hij zich stevig vastklampte aan de takken.

This vision of the hairy man was tied closely to the deep call.
Dit beeld van de harige man was nauw verbonden met de diepe roep.

The call still sounded through the forest with haunting force.
De roep klonk nog steeds met een spookachtige kracht door het bos.

The call filled Buck with longing and a restless sense of joy.
De oproep vervulde Buck met verlangen en een rusteloos gevoel van vreugde.

He felt strange urges and stirrings that he could not name.

Hij voelde vreemde verlangens en bewegingen die hij niet kon benoemen.

Sometimes he followed the call deep into the quiet woods.

Soms volgde hij de roep tot diep in het stille bos.

He searched for the calling, barking softly or sharply as he went.

Hij zocht naar de roep en blafte zachtjes of hard terwijl hij verder ging.

He sniffed the moss and black soil where the grasses grew.

Hij besnuffelde het mos en de zwarte aarde waar het gras groeide.

He snorted with delight at the rich smells of the deep earth.

Hij snoof van genot bij het ruiken van de rijke geuren uit de diepe aarde.

He crouched for hours behind trunks covered in fungus.

Hij hurkte urenlang achter met schimmel bedekte stammen.

He stayed still, listening wide-eyed to every tiny sound.

Hij bleef stil zitten en luisterde met grote ogen naar elk klein geluidje.

He may have hoped to surprise the thing that gave the call.

Misschien hoopte hij hiermee het wezen dat de oproep deed te verrassen.

He did not know why he acted this way—he simply did.

Hij wist niet waarom hij zo handelde. Hij deed het gewoon.

The urges came from deep within, beyond thought or reason.

De aandrang kwam van diep van binnen, voorbij het denken en de rede.

Irresistible urges took hold of Buck without warning or reason.

Zonder waarschuwing of reden werd Buck overvallen door onweerstaanbare verlangens.

At times he was dozing lazily in camp under the midday heat.

Soms lag hij lui te doezelen in het kamp, in de middaghitte.

Suddenly, his head lifted and his ears shoot up alert.

Opeens hief hij zijn hoofd op en richtte zijn oren zich op de waarschuwingssignalen.

Then he sprang up and dash into the wild without pause.

Toen sprong hij overeind en rende zonder aarzelen de wildernis in.

He ran for hours through forest paths and open spaces.

Hij rende urenlang door bospaden en open ruimtes.

He loved to follow dry creek beds and spy on birds in the trees.

Hij hield ervan om droge kreekbeddingen te observeren en vogels in de bomen te bespieden.

He could lie hidden all day, watching partridges strut around.

Hij zou de hele dag verborgen kunnen blijven en naar de rondparaderende patrijzen kunnen kijken.

They drummed and marched, unaware of Buck's still presence.

Ze trommelden en marcheerden, zich niet bewust van de stille aanwezigheid van Buck.

But what he loved most was running at twilight in summer.

Maar het allerleukste vond hij hardlopen in de schemering van de zomer.

The dim light and sleepy forest sounds filled him with joy.

Het schemerige licht en de slaperige geluiden van het bos vervulden hem met vreugde.

He read the forest signs as clearly as a man reads a book.

Hij las de aanwijzingen in het bos zo duidelijk als een man een boek leest.

And he searched always for the strange thing that called him.

En hij bleef zoeken naar het vreemde ding dat hem riep.

That calling never stopped—it reached him waking or sleeping.

Die roeping hield nooit op; hij bleef hem roepen, of hij nu wakker was of sliep.

One night, he woke with a start, eyes sharp and ears high.

Op een nacht werd hij met een schok wakker, met scherpe ogen en gespitste oren.

His nostrils twitched as his mane stood bristling in waves.

Zijn neusgaten trilden en zijn manen stonden in golven overeind.

From deep in the forest came the sound again, the old call.

Diep uit het bos klonk weer het geluid, de oude roep.

This time the sound rang clearly, a long, haunting, familiar howl.

Deze keer klonk het geluid duidelijk, een lang, spookachtig en bekend gehuil.

It was like a husky's cry, but strange and wild in tone.

Het klonk als de roep van een husky, maar dan vreemd en wild van toon.

Buck knew the sound at once — he had heard the exact sound long ago.

Buck herkende het geluid meteen: hij had het geluid al lang geleden gehoord.

He leapt through camp and vanished swiftly into the woods.

Hij sprong door het kamp en verdween snel in het bos.

As he neared the sound, he slowed and moved with care.

Toen hij dichterbij het geluid kwam, vertraagde hij zijn pas en bewoog hij zich voorzichtig voort.

Soon he reached a clearing between thick pine trees.

Al snel bereikte hij een open plek tussen de dichte pijnbomen.

There, upright on its haunches, sat a tall, lean timber wolf.

Daar, rechtop zittend, zat een grote, magere wolf.

The wolf's nose pointed skyward, still echoing the call.

De neus van de wolf wees naar de hemel en bleef de roep echoën.

Buck had made no sound, yet the wolf stopped and listened.

Buck maakte geen enkel geluid, maar de wolf bleef staan en luisterde.

Sensing something, the wolf tensed, searching the darkness.

Toen de wolf iets voelde, spande hij zich in en begon de duisternis af te zoeken.

Buck crept into view, body low, feet quiet on the ground.

Buck kwam in beeld, zijn lichaam gebogen, zijn voeten stil op de grond.

His tail was straight, his body coiled tight with tension.

Zijn staart was recht en zijn lichaam was strak gespannen.

He showed both threat and a kind of rough friendship.

Hij toonde zowel dreiging als een soort ruwe vriendschap.

It was the wary greeting shared by beasts of the wild.

Het was de voorzichtige begroeting van wilde dieren.

But the wolf turned and fled as soon as it saw Buck.

Maar de wolf draaide zich om en vluchtte zodra hij Buck zag.

Buck gave chase, leaping wildly, eager to overtake it.

Buck zette de achtervolging in en sprong wild, in de hoop hem in te halen.

He followed the wolf into a dry creek blocked by a timber jam.

Hij volgde de wolf een droge kreek in, die geblokkeerd werd door een stuk hout.

Cornered, the wolf spun around and stood its ground.

In het nauw gedreven draaide de wolf zich om en bleef staan.

The wolf snarled and snapped like a trapped husky dog in a fight.

De wolf gromde en beet als een gevangen husky in een gevecht.

The wolf's teeth clicked fast, its body bristling with wild fury.

De tanden van de wolf klikten snel en zijn lichaam straalde van woede.

Buck did not attack but circled the wolf with careful friendliness.

Buck viel niet aan, maar liep met voorzichtige en vriendelijke handjes om de wolf heen.

He tried to block his escape by slow, harmless movements.

Hij probeerde zijn ontsnapping te blokkeren met langzame, ongevaarlijke bewegingen.

The wolf was wary and scared—Buck outweighed him three times.

De wolf was op zijn hoede en bang. Buck was drie keer zo zwaar als hij.

The wolf's head barely reached up to Buck's massive shoulder.

De kop van de wolf reikte nauwelijks tot aan Bucks enorme schouder.

Watching for a gap, the wolf bolted and the chase began again.

De wolf zocht naar een opening, ging ervandoor en de achtervolging begon opnieuw.

Several times Buck cornered him, and the dance repeated.

Buck dreef hem meerdere malen in het nauw, en de dans herhaalde zich.

The wolf was thin and weak, or Buck could not have caught him.

De wolf was mager en zwak, anders had Buck hem niet kunnen vangen.

Each time Buck drew near, the wolf spun and faced him in fear.

Elke keer dat Buck dichterbij kwam, draaide de wolf zich om en keek hem angstig aan.

Then at the first chance, he dashed off into the woods once more.

Toen hij de eerste de beste kans kreeg, rende hij opnieuw het bos in.

But Buck did not give up, and finally the wolf came to trust him.

Maar Buck gaf niet op en uiteindelijk kreeg de wolf vertrouwen in hem.

He sniffed Buck's nose, and the two grew playful and alert.

Hij snoof aan Bucks neus en de twee werden speels en alert.

They played like wild animals, fierce yet shy in their joy.

Ze speelden als wilde dieren, woest maar toch verlegen van vreugde.

After a while, the wolf trotted off with calm purpose.

Na een tijdje draafde de wolf kalm en vastberaden weg.

He clearly showed Buck that he meant to be followed.

Hij maakte Buck duidelijk dat hij gevolgd wilde worden.

They ran side by side through the twilight gloom.

Ze renden zij aan zij door de duisternis van de schemering.

They followed the creek bed up into the rocky gorge.

Ze volgden de kreekbedding tot in de rotsachtige kloof.

They crossed a cold divide where the stream had begun.

Ze staken een koude waterscheiding over waar de beek begon.

On the far slope they found wide forest and many streams.

Op de verre helling vonden ze uitgestrekte bossen en veel beken.

Through this vast land, they ran for hours without stopping.

Ze renden urenlang door dit uitgestrekte land, zonder te stoppen.

The sun rose higher, the air grew warm, but they ran on.

De zon kwam hoger op, de lucht werd warmer, maar ze renden verder.

Buck was filled with joy—he knew he was answering his calling.

Buck was vervuld van vreugde: hij wist dat hij zijn roeping volgde.

He ran beside his forest brother, closer to the call's source.

Hij rende naast zijn bosbroeder, dichter bij de bron van de oproep.

Old feelings returned, powerful and hard to ignore.

Oude gevoelens kwamen terug, krachtig en moeilijk te negeren.

These were the truths behind the memories from his dreams.

Dit waren de waarheden achter de herinneringen uit zijn dromen.

He had done all this before in a distant and shadowy world.

Hij had dit allemaal al eerder gedaan in een verre, duistere wereld.

Now he did this again, running wild with the open sky above.

Nu deed hij dit nog een keer, hij rende wild rond in de open lucht.

They stopped at a stream to drink from the cold flowing water.
Ze hielden halt bij een beek om van het koude, stromende water te drinken.

As he drank, Buck suddenly remembered John Thornton.
Terwijl hij dronk, herinnerde Buck zich plotseling John Thornton.

He sat down in silence, torn by the pull of loyalty and the calling.
Hij ging in stilte zitten, verscheurd door de aantrekkingskracht van loyaliteit en de roeping.

The wolf trotted on, but came back to urge Buck forward.
De wolf draafde verder, maar kwam later terug om Buck aan te sporen verder te gaan.

He sniffed his nose and tried to coax him with soft gestures.
Hij snoof aan zijn neus en probeerde hem met zachte gebaren te verleiden.

But Buck turned around and started back the way he came.
Maar Buck draaide zich om en liep dezelfde weg terug.

The wolf ran beside him for a long time, whining quietly.
De wolf rende een hele tijd naast hem en jankte zachtjes.

Then he sat down, raised his nose, and let out a long howl.
Toen ging hij zitten, hief zijn neus op en liet een langgerekte huil horen.

It was a mournful cry, softening as Buck walked away.
Het was een treurige kreet, die zachter werd toen Buck wegliep.

Buck listened as the sound of the cry faded slowly into the forest silence.
Buck luisterde terwijl het geluid van de kreet langzaam overging in de stilte van het bos.

John Thornton was eating dinner when Buck burst into the camp.
John Thornton was aan het eten toen Buck het kamp binnenstormde.

Buck leapt upon him wildly, licking, biting, and tumbling him.

Buck sprong wild op hem, likte, beet en gooide hem omver.

He knocked him over, scrambled on top, and kissed his face.

Hij gooide hem omver, klom erop en kuste zijn gezicht.

Thornton called this "playing the general tom-fool" with affection.

Thornton noemde dit met liefde 'de generaal de dwaas uithangen'.

All the while, he cursed Buck gently and shook him back and forth.

Ondertussen vervloekte hij Buck zachtjes en schudde hem heen en weer.

For two whole days and nights, Buck never left the camp once.

Twee hele dagen en nachten verliet Buck het kamp niet.

He kept close to Thornton and never let him out of his sight.

Hij bleef dicht bij Thornton en verloor hem geen moment uit het oog.

He followed him as he worked and watched him while he ate.

Hij volgde hem terwijl hij werkte en keek hem na terwijl hij at.

He saw Thornton into his blankets at night and out each morning.

Hij zag Thornton 's nachts onder zijn dekens en elke ochtend er weer uit.

But soon the forest call returned, louder than ever before.

Maar al snel kwam de roep van het bos terug, luider dan ooit tevoren.

Buck grew restless again, stirred by thoughts of the wild wolf.

Buck werd weer onrustig, hij dacht alleen maar aan de wilde wolf.

He remembered the open land and running side by side.

Hij herinnerde zich het open land en het naast elkaar leven.

He began wandering into the forest once more, alone and alert.

Hij begon opnieuw door het bos te dwalen, alleen en alert.

But the wild brother did not return, and the howl was not heard.

Maar de wilde broer kwam niet terug, en het gehuil werd niet gehoord.

Buck started sleeping outside, staying away for days at a time.

Buck begon buiten te slapen en bleef soms dagenlang weg.

Once he crossed the high divide where the creek had begun.

Toen hij de hoge waterscheiding overstak waar de kreek begon.

He entered the land of dark timber and wide flowing streams.

Hij betrad het land van het donkere bos en de brede stromende beken.

For a week he roamed, searching for signs of the wild brother.

Een week lang zwierf hij rond, op zoek naar sporen van zijn wilde broer.

He killed his own meat and travelled with long, tireless strides.

Hij slachtte zijn eigen vlees en reisde met lange, onvermoeibare stappen.

He fished for salmon in a wide river that reached the sea.

Hij viste op zalm in een brede rivier die tot aan de zee reikte.

There, he fought and killed a black bear maddened by bugs.

Daar vocht hij tegen een zwarte beer die gek was geworden van insecten, en doodde hem.

The bear had been fishing and ran blindly through the trees.

De beer was aan het vissen en rende blind door de bomen.

The battle was a fierce one, waking Buck's deep fighting spirit up.

Het was een heftige strijd, die Bucks vechtlust aanwakkerde.

Two days later, Buck returned to find wolverines at his kill.

Twee dagen later keerde Buck terug en trof veelvraten aan bij zijn prooi.

A dozen of them quarreled over the meat in noisy fury.

Een tiental van hen begonnen luidruchtig en woedend ruzie te maken over het vlees.

Buck charged and scattered them like leaves in the wind.

Buck stormde erop af en verspreidde ze als bladeren in de wind.

Two wolves remained behind—silent, lifeless, and unmoving forever.

Twee wolven bleven achter – stil, levenloos en onbeweeglijk voor altijd.

The thirst for blood grew stronger than ever.

De bloeddorst werd groter dan ooit.

Buck was a hunter, a killer, feeding off living creatures.

Buck was een jager, een moordenaar die zich voedde met levende wezens.

He survived alone, relying on his strength and sharp senses.

Hij overleefde alleen, vertrouwend op zijn kracht en scherpe zintuigen.

He thrived in the wild, where only the toughest could live.

Hij gedijde in de wildernis, waar alleen de sterkste dieren konden leven.

From this, a great pride rose up and filled Buck's whole being.

Hieruit ontstond een grote trots die Bucks hele wezen vulde.

His pride showed in his every step, in the ripple of every muscle.

Zijn trots was zichtbaar in iedere stap die hij zette, in de bewegingen van iedere spier.

His pride was as clear as speech, seen in how he carried himself.

Zijn trots was duidelijk te merken aan de manier waarop hij zich gedroeg.

Even his thick coat looked more majestic and gleamed brighter.

Zelfs zijn dikke vacht zag er majestueuzer uit en glansde helderder.

Buck could have been mistaken for a giant timber wolf.

Buck zou aangezien kunnen worden voor een gigantische wolf.

Except for brown on his muzzle and spots above his eyes.

Behalve bruin op zijn snuit en vlekken boven zijn ogen.

And the white streak of fur that ran down the middle of his chest.

En de witte streep vacht die over het midden van zijn borst liep.

He was even larger than the biggest wolf of that fierce breed.

Hij was zelfs groter dan de grootste wolf van dat woeste ras.

His father, a St. Bernard, gave him size and heavy frame.

Zijn vader, een Sint-Bernard, gaf hem zijn formaat en zware postuur.

His mother, a shepherd, shaped that bulk into wolf-like form.

Zijn moeder, een herderin, vormde dat lichaam tot een wolfachtige vorm.

He had the long muzzle of a wolf, though heavier and broader.

Hij had de lange snuit van een wolf, maar was ook zwaarder en breder.

His head was a wolf's, but built on a massive, majestic scale.

Zijn kop was die van een wolf, maar dan enorm en majestueus.

Buck's cunning was the cunning of the wolf and of the wild.

Bucks sluwheid was vergelijkbaar met de sluwheid van de wolf en de wildernis.

His intelligence came from both the German Shepherd and St. Bernard.

Zijn intelligentie kwam van zowel de Duitse herder als de Sint-Bernard.

All this, plus harsh experience, made him a fearsome creature.

Dit alles, plus zijn zware ervaringen, maakten hem tot een angstaanjagend wezen.

He was as formidable as any beast that roamed the northern wild.

Hij was even geducht als elk ander dier dat in de noordelijke wildernis rondzwierf.

Living only on meat, Buck reached the full peak of his strength.

Buck bereikte het toppunt van zijn kracht door alleen van vlees te leven.

He overflowed with power and male force in every fiber of him.

Hij straalde kracht en mannelijke energie uit in elke vezel van hem.

When Thornton stroked his back, the hairs sparked with energy.

Toen Thornton over zijn rug streek, begonnen zijn haren te stralen van energie.

Each hair crackled, charged with the touch of living magnetism.

Elk haartje knetterde, geladen met een vleugje levend magnetisme.

His body and brain were tuned to the finest possible pitch.

Zijn lichaam en hersenen stonden op de hoogst mogelijke toonhoogte.

Every nerve, fiber, and muscle worked in perfect harmony.

Elke zenuw, vezel en spier werkte in perfecte harmonie samen.

To any sound or sight needing action, he responded instantly.

Op elk geluid of beeld dat om actie vroeg, reageerde hij onmiddellijk.

If a husky leaped to attack, Buck could leap twice as fast.

Als een husky zou aanvallen, kon Buck twee keer zo snel springen.

He reacted quicker than others could even see or hear.

Hij reageerde sneller dan anderen konden zien of horen.

Perception, decision, and action all came in one fluid moment.

Perceptie, beslissing en actie kwamen allemaal op één vloeiend moment tot stand.

In truth, these acts were separate, but too fast to notice.
Eigenlijk vonden deze handelingen los van elkaar plaats, maar ze vonden te snel plaats om op te merken.

So brief were the gaps between these acts, they seemed as one.
De periodes tussen de acts waren zo kort dat het leek alsof ze één waren.

His muscles and being was like tightly coiled springs.
Zijn spieren en lichaam leken op strak opgerolde veren.

His body surged with life, wild and joyful in its power.
Zijn lichaam bruiste van leven, wild en vreugdevol in zijn kracht.

At times he felt like the force was going to burst out of him entirely.
Soms had hij het gevoel dat de kracht volledig uit hem zou barsten.

"Never was there such a dog," Thornton said one quiet day.
"Er is nog nooit zo'n hond geweest", zei Thornton op een rustige dag.

The partners watched Buck striding proudly from the camp.
De partners keken toe hoe Buck trots het kamp verliet.

"When he was made, he changed what a dog can be," said Pete.
"Toen hij werd gemaakt, veranderde hij wat een hond kan zijn", zei Pete.

"By Jesus! I think so myself," Hans quickly agreed.
"Jeetje! Dat denk ik zelf ook," beaamde Hans snel.

They saw him march off, but not the change that came after.
Ze zagen hem wegmarcheren, maar niet de verandering die daarop volgde.

As soon as he entered the woods, Buck transformed completely.
Zodra Buck het bos inkwam, veranderde hij volledig.

He no longer marched, but moved like a wild ghost among trees.
Hij marcheerde niet meer, maar bewoog zich als een wilde geest tussen de bomen.

He became silent, cat-footed, a flicker passing through shadows.
Hij werd stil, liep op spreidvoeten, een flikkering gleed door de schaduwen.

He used cover with skill, crawling on his belly like a snake.
Hij maakte handig gebruik van dekking en kroop op zijn buik als een slang.

And like a snake, he could leap forward and strike in silence.
En net als een slang kon hij naar voren springen en geluidloos toeslaan.

He could steal a ptarmigan straight from its hidden nest.
Hij kon een sneeuwhoen zo uit zijn verborgen nest stelen.

He killed sleeping rabbits without a single sound.
Hij doodde slapende konijnen zonder ook maar één geluid te maken.

He could catch chipmunks midair as they fled too slowly.
Hij kon chipmunks in de lucht vangen als ze te langzaam vluchtten.

Even fish in pools could not escape his sudden strikes.
Zelfs vissen in vijvers konden niet ontsnappen aan zijn plotselinge aanvallen.

Not even clever beavers fixing dams were safe from him.
Zelfs de slimme bevers die dammen bouwden, waren niet veilig voor hem.

He killed for food, not for fun—but liked his own kills best.
Hij doodde voor het eten, niet voor de lol, maar hij vond zijn eigen doden het leukst.

Still, a sly humor ran through some of his silent hunts.
Toch zat er een vleugje sluwe humor in sommige van zijn stille jachten.

He crept up close to squirrels, only to let them escape.
Hij sloop dicht bij de eekhoorns, maar liet ze vervolgens ontsnappen.

They were going to flee to the trees, chattering in fearful outrage.

Ze wilden vluchten naar de bomen, terwijl ze angstig en verontwaardigd kletsten.

As fall came, moose began to appear in greater numbers.

Toen de herfst kwam, verschenen er steeds meer elanden.

They moved slowly into the low valleys to meet the winter.

Ze trokken langzaam de lage valleien in om de winter te trotseren.

Buck had already brought down one young, stray calf.

Buck had al een jong, verdwaald kalf neergehaald.

But he longed to face larger, more dangerous prey.

Maar hij verlangde ernaar om grotere, gevaarlijkere prooien te trotseren.

One day on the divide, at the creek's head, he found his chance.

Op een dag, aan de bron van de kreek, zag hij zijn kans.

A herd of twenty moose had crossed from forested lands.

Een kudde van twintig elanden was vanuit bosgebied de grens overgestoken.

Among them was a mighty bull; the leader of the group.

Onder hen was een grote stier; de leider van de groep.

The bull stood over six feet tall and looked fierce and wild.

De stier was ruim 1,80 meter hoog en zag er woest en wild uit.

He tossed his wide antlers, fourteen points branching outward.

Hij gooide zijn brede gewei omhoog, waarvan de veertien punten naar buiten vertakten.

The tips of those antlers stretched seven feet across.

De uiteinden van die geweien waren ruim twee meter breed.

His small eyes burned with rage as he spotted Buck nearby.

Zijn kleine ogen brandden van woede toen hij Buck in de buurt zag.

He let out a furious roar, trembling with fury and pain.

Hij slaakte een woedend gebrul en beefde van woede en pijn.

An arrow-end stuck out near his flank, feathered and sharp.

Aan zijn flank stak een puntige pijl uit, gevederd en scherp.

This wound helped explain his savage, bitter mood.

Deze wond hielp zijn grimmige, bittere humeur te verklaren.

Buck, guided by ancient hunting instinct, made his move.
Geleid door een oud jachtinstinct, sloeg Buck toe.
He aimed to separate the bull from the rest of the herd.
Zijn doel was om de stier van de rest van de kudde af te scheiden.
This was no easy task — it took speed and fierce cunning.
Dat was geen gemakkelijke opgave. Er was snelheid en enorme sluwheid voor nodig.
He barked and danced near the bull, just out of range.
Hij blafte en danste vlakbij de stier, net buiten bereik.
The moose lunged with huge hooves and deadly antlers.
De eland sprong naar voren met zijn enorme hoeven en dodelijke geweien.
One blow could have ended Buck's life in a heartbeat.
Eén klap had Buck's leven in een oogwenk kunnen beëindigen.
Unable to leave the threat behind, the bull grew mad.
De stier kon de dreiging niet achter zich laten en werd gek.
He charged in fury, but Buck always slipped away.
Woedend stormde hij op hem af, maar Buck glipte steeds weg.
Buck faked weakness, luring him farther from the herd.
Buck veinsde zwakte en lokte hem verder van de kudde weg.
But young bulls were going to charge back to protect the leader.
Maar jonge stieren zouden terugstormen om de leider te beschermen.
They forced Buck to retreat and the bull to rejoin the group.
Ze dwongen Buck om zich terug te trekken en de stier om zich weer bij de groep aan te sluiten.
There is a patience in the wild, deep and unstoppable.
Er bestaat geduld in het wild, diep en onstuitbaar.
A spider waits motionless in its web for countless hours.
Een spin zit urenlang roerloos in haar web.
A snake coils without twitching, and waits till it is time.
Een slang kronkelt zich zonder te trillen en wacht tot het tijd is.
A panther lies in ambush, until the moment arrives.

Een panter ligt op de loer, totdat het moment daar is.

This is the patience of predators who hunt to survive.

Dit is het geduld van roofdieren die jagen om te overleven.

That same patience burned inside Buck as he stayed close.

Datzelfde geduld brandde ook in Buck terwijl hij dichtbij bleef.

He stayed near the herd, slowing its march and stirring fear.

Hij bleef bij de kudde, vertraagde hun tempo en zaaide angst.

He teased the young bulls and harassed the mother cows.

Hij plaagde de jonge stieren en irriteerde de moederkoeien.

He drove the wounded bull into a deeper, helpless rage.

Hij dreef de gewonde stier tot een nog diepere, hulpeloze woede.

For half a day, the fight dragged on with no rest at all.

De strijd duurde een halve dag voort, zonder enige rust.

Buck attacked from every angle, fast and fierce as wind.

Buck viel van alle kanten aan, snel en fel als de wind.

He kept the bull from resting or hiding with its herd.

Hij zorgde ervoor dat de stier niet kon rusten of zich kon verstoppen bij de kudde.

Buck wore down the moose's will faster than its body.

Buck brak de wil van de eland sneller af dan zijn lichaam.

The day passed and the sun sank low in the northwest sky.

De dag verstreek en de zon zakte laag aan de noordwestelijke hemel.

The young bulls returned more slowly to help their leader.

De jonge stieren kwamen langzamer terug om hun leider te helpen.

Fall nights had returned, and darkness now lasted six hours.

De herfstnachten waren teruggekeerd en het duurde nu zes uur lang donker.

Winter was pressing them downhill into safer, warmer valleys.

De winter dwong hen bergafwaarts te trekken, naar veiligere, warmere valleien.

But still they couldn't escape the hunter that held them back.

Maar ze konden nog steeds niet ontsnappen aan de jager die hen tegenhield.

Only one life was at stake—not the herd's, just their leader's.

Er stond maar één leven op het spel: niet dat van de kudde, maar dat van hun leider.

That made the threat distant and not their urgent concern.

Daardoor leek de dreiging ver weg en was het niet hun dringende zorg.

In time, they accepted this cost and let Buck take the old bull.

Na verloop van tijd accepteerden ze deze prijs en lieten ze Buck de oude stier meenemen.

As twilight settled in, the old bull stood with his head down.

Terwijl de schemering inviel, stond de oude stier met zijn kop gebogen.

He watched the herd he had led vanish into the fading light.

Hij keek toe hoe de kudde die hij had geleid, in het verdwijnende licht verdween.

There were cows he had known, calves he had once fathered.

Er waren koeien die hij kende, kalveren die hij ooit had verwekt.

There were younger bulls he had fought and ruled in past seasons.

Er waren jongere stieren tegen wie hij in voorgaande seizoenen had gevochten en over wie hij had geregeerd.

He could not follow them—for before him crouched Buck again.

Hij kon hen niet volgen, want vóór hem hurkte Buck weer.

The merciless fanged terror blocked every path he might take.

De genadeloze angst met zijn slagtanden blokkeerde elk pad dat hij kon bewandelen.

The bull weighed more than three hundredweight of dense power.

De stier woog meer dan driehonderd kilo aan zware kracht.

He had lived long and fought hard in a world of struggle.

Hij had lang geleefd en hard gevochten in een wereld vol strijd.

Yet now, at the end, death came from a beast far beneath him.

Maar nu, aan het einde, kwam de dood van een beest ver beneden hem.

Buck's head did not even rise to the bull's huge knuckled knees.

Bucks hoofd reikte niet eens tot aan de enorme, gebogen knieën van de stier.

From that moment on, Buck stayed with the bull night and day.

Vanaf dat moment bleef Buck dag en nacht bij de stier.

He never gave him rest, never allowed him to graze or drink.

Hij gaf hem nooit rust, liet hem nooit grazen of drinken.

The bull tried to eat young birch shoots and willow leaves.

De stier probeerde jonge berkenscheuten en wilgenbladeren te eten.

But Buck drove him off, always alert and always attacking.

Maar Buck joeg hem weg, altijd alert en altijd aanvallend.

Even at trickling streams, Buck blocked every thirsty attempt.

Zelfs bij kabbelende beekjes blokkeerde Buck elke dorstige poging.

Sometimes, in desperation, the bull fled at full speed.

Soms vluchtte de stier uit wanhoop in volle vaart.

Buck let him run, loping calmly just behind, never far away.

Buck liet hem rennen en liep rustig vlak achter hem aan, nooit ver weg.

When the moose paused, Buck lay down, but stayed ready.

Toen de eland stopte, ging Buck liggen, maar bleef wel klaar.

If the bull tried to eat or drink, Buck struck with full fury.

Als de stier probeerde te eten of te drinken, sloeg Buck met volle woede toe.

The bull's great head sagged lower under its vast antlers.

De grote kop van de stier zakte verder door onder de enorme geweien.

His pace slowed, the trot became a heavy; a stumbling walk.
Zijn pas werd trager, de draf werd zwaar en de stap werd
strompelend.

**He often stood still with drooped ears and nose to the
ground.**
Vaak stond hij stil, met hangende oren en zijn neus op de
grond.

During those moments, Buck took time to drink and rest.
Tijdens die momenten nam Buck de tijd om te drinken en uit
te rusten.

Tongue out, eyes fixed, Buck sensed the land was changing.
Met zijn tong uitgestoken en zijn ogen strak gericht, voelde
Buck dat het landschap veranderde.

He felt something new moving through the forest and sky.
Hij voelde iets nieuws door het bos en de lucht bewegen.

As moose returned, so did other creatures of the wild.
Toen de elanden terugkwamen, deden ook de andere wilde
dieren dat.

**The land felt alive with presence, unseen but strongly
known.**
Het land voelde levendig en aanwezig aan, onzichtbaar maar
toch sterk bekend.

It was not by sound, sight, nor by scent that Buck knew this.
Buck wist dit niet door het gehoor, het zicht of de geur.

A deeper sense told him that new forces were on the move.
Een dieper gevoel vertelde hem dat er nieuwe krachten op
komst waren.

**Strange life stirred through the woods and along the
streams.**
Er woedde een vreemd leven in de bossen en langs de beekjes.

**He resolved to explore this spirit, after the hunt was
complete.**
Hij besloot deze geest te onderzoeken nadat de jacht was
voltooid.

On the fourth day, Buck brought down the moose at last.
Op de vierde dag had Buck eindelijk de eland te pakken.

He stayed by the kill for a full day and night, feeding and resting.

Hij bleef de hele dag en nacht bij de prooi om te eten en te rusten.

He ate, then slept, then ate again, until he was strong and full.

Hij at, sliep, en at weer, totdat hij sterk en vol was.

When he was ready, he turned back toward camp and Thornton.

Toen hij klaar was, keerde hij terug naar het kamp en Thornton.

With steady pace, he began the long return journey home.

Met vaste tred begon hij aan de lange terugreis naar huis.

He ran in his tireless lope, hour after hour, never once straying.

Hij rende onvermoeibaar, urenlang, zonder ook maar één keer af te wijken.

Through unknown lands, he moved straight as a compass needle.

Door onbekende landen bewoog hij zich rechtdoor als een kompasnaald.

His sense of direction made man and map seem weak by comparison.

In vergelijking daarmee leek de mens en de kaart zwak.

As Buck ran, he felt more strongly the stir in the wild land.

Terwijl Buck rende, voelde hij de opwinding in het ruige landschap steeds sterker.

It was a new kind of life, unlike that of the calm summer months.

Het was een nieuw soort leven, anders dan het leven in de rustige zomermaanden.

This feeling no longer came as a subtle or distant message.

Dit gevoel kwam niet langer als een subtiele of verre boodschap.

Now the birds spoke of this life, and squirrels chattered about it.

De vogels spraken over dit leven en de eekhoorns kwetterden erover.

Even the breeze whispered warnings through the silent trees.

Zelfs de bries fluisterde waarschuwingen door de stille bomen.

Several times he stopped and sniffed the fresh morning air.

Meerdere malen bleef hij staan en snoof de frisse ochtendlucht op.

He read a message there that made him leap forward faster.

Daar las hij een bericht waardoor hij sneller vooruit sprong.

A heavy sense of danger filled him, as if something had gone wrong.

Hij voelde zich ineens heel gevaarlijk, alsof er iets mis was gegaan.

He feared calamity was coming — or had already come.

Hij vreesde dat er onheil op komst was, of al gekomen was.

He crossed the last ridge and entered the valley below.

Hij stak de laatste bergkam over en kwam in de vallei terecht.

He moved more slowly, alert and cautious with every step.

Bij iedere stap bewoog hij langzamer, alerter en voorzichtiger.

Three miles out he found a fresh trail that made him stiffen.

Vijf kilometer verderop vond hij een vers spoor dat hem deed verstijven.

The hair along his neck rippled and bristled in alarm.

De haren in zijn nek gingen overeind staan van schrik.

The trail led straight toward the camp where Thornton waited.

Het pad leidde rechtstreeks naar het kamp waar Thornton wachtte.

Buck moved faster now, his stride both silent and swift.

Buck bewoog nu sneller, zijn passen waren zowel stil als snel.

His nerves tightened as he read signs others were going to miss.

Hij werd steeds zenuwachtiger toen hij de signalen zag die anderen niet zouden herkennen.

Each detail in the trail told a story — except the final piece.

Elk detail van de route vertelde een verhaal, behalve het laatste stuk.

His nose told him about the life that had passed this way.

Zijn neus vertelde hem over het leven dat hier voorbij was gegaan.

The scent gave him a changing picture as he followed close behind.

De geur wekte een veranderend beeld op terwijl hij hem dicht volgde.

But the forest itself had gone quiet; unnaturally still.

Maar het bos zelf was stil geworden; onnatuurlijk stil.

Birds had vanished, squirrels were hidden, silent and still.

Vogels waren verdwenen, eekhoorns waren verborgen, stil en onbeweeglijk.

He saw only one gray squirrel, flat on a dead tree.

Hij zag slechts één grijze eekhoorn, plat op een dode boom.

The squirrel blended in, stiff and motionless like a part of the forest.

De eekhoorn ging op in de omgeving, stijf en bewegingloos als een deel van het bos.

Buck moved like a shadow, silent and sure through the trees.

Buck bewoog zich als een schaduw, stil en zeker door de bomen.

His nose jerked sideways as if pulled by an unseen hand.

Zijn neus bewoog opzij, alsof er door een onzichtbare hand aan werd getrokken.

He turned and followed the new scent deep into a thicket.

Hij draaide zich om en volgde de nieuwe geur tot diep in het struikgewas.

There he found Nig, lying dead, pierced through by an arrow.

Daar vond hij Nig, dood liggend, doorboord door een pijl.

The shaft passed clear through his body, feathers still showing.

De pijl ging dwars door zijn lichaam heen, en zijn veren waren nog zichtbaar.

Nig had dragged himself there, but died before reaching help.
Nig had zichzelf erheen gesleept, maar stierf voordat hij hulp kon bereiken.

A hundred yards farther on, Buck found another sled dog.
Honderd meter verderop zag Buck nog een sledehond.

It was a dog that Thornton had bought back in Dawson City.
Het was een hond die Thornton had gekocht in Dawson City.

The dog was in a death struggle, thrashing hard on the trail.
De hond was in een doodsstrijd verwikkeld en spartelde hevig op het pad.

Buck passed around him, not stopping, eyes fixed ahead.
Buck liep langs hem heen, bleef niet stilstaan en hield zijn ogen strak voor zich uit gericht.

From the direction of the camp came a distant, rhythmic chant.
Vanuit de richting van het kamp klonk in de verte een ritmisch gezang.

Voices rose and fell in a strange, eerie, sing-song tone.
Stemmen rezen en daalden in een vreemde, griezelige, zangerige toon.

Buck crawled forward to the edge of the clearing in silence.
Buck kroop zwijgend naar de rand van de open plek.

There he saw Hans lying face-down, pierced with many arrows.
Daar zag hij Hans liggen, met zijn gezicht naar beneden, doorboord door vele pijlen.

His body looked like a porcupine, bristling with feathered shafts.
Zijn lichaam leek op een stekelvarken, vol met veren.

At the same moment, Buck looked toward the ruined lodge.
Op hetzelfde moment keek Buck naar de verwoeste lodge.

The sight made the hair rise stiff on his neck and shoulders.
Deze aanblik deed de haren in zijn nek en schouders overeind staan.

A storm of wild rage swept through Buck's whole body.
Een storm van woeste woede ging door Bucks hele lichaam.

He growled aloud, though he did not know that he had.

Hij gromde luid, hoewel hij niet wist dat hij dat deed.

The sound was raw, filled with terrifying, savage fury.

Het geluid was rauw en vol angstaanjagende, wilde woede.

For the last time in his life, Buck lost reason to emotion.

Voor de laatste keer in zijn leven verloor Buck zijn rede voor emoties.

It was love for John Thornton that broke his careful control.

Het was de liefde voor John Thornton die zijn zorgvuldige controle verbrak.

The Yeehats were dancing around the wrecked spruce lodge.

De Yeehats dansten rond het verwoeste sparrenhouten huisje.

Then came a roar—and an unknown beast charged toward them.

Toen klonk er een gebrul en een onbekend beest stormde op hen af.

It was Buck; a fury in motion; a living storm of vengeance.

Het was Buck; een woedende, levende storm van wraak.

He flung himself into their midst, mad with the need to kill.

Hij wierp zich midden tussen hen in, waanzinnig van de drang om te doden.

He leapt at the first man, the Yeehat chief, and struck true.

Hij sprong op de eerste man af, de Yeehat-leider, en trof doel.

His throat was ripped open, and blood spouted in a stream.

Zijn keel was opengereten en het bloed spoot eruit.

Buck did not stop, but tore the next man's throat with one leap.

Buck stopte niet, maar scheurde met één sprong de keel van de volgende man open.

He was unstoppable—ripping, slashing, never pausing to rest.

Hij was niet te stoppen: hij scheurde en hakte erop los, zonder ooit even stil te staan.

He darted and sprang so fast their arrows could not touch him.

Hij schoot en sprong zo snel dat de pijlen hem niet konden raken.

The Yeehats were caught in their own panic and confusion.

De Yeehats raakten in paniek en verwarring.

Their arrows missed Buck and struck one another instead.

Hun pijlen misten Buck en raakten elkaar.

One youth threw a spear at Buck and hit another man.

Eén jongere gooide een speer naar Buck en raakte daarmee een andere man.

The spear drove through his chest, the point punching out his back.

De speer drong door zijn borstkas en de punt drong in zijn rug door.

Terror swept over the Yeehats, and they broke into full retreat.

Er ontstond paniek onder de Yeehats en ze sloegen op de vlucht.

They screamed of the Evil Spirit and fled into the forest shadows.

Ze schreeuwden om de Boze Geest en vluchtten de schaduwen van het bos in.

Truly, Buck was like a demon as he chased the Yeehats down.

Buck gedroeg zich werkelijk als een duivel toen hij de Yeehats achtervolgde.

He tore after them through the forest, bringing them down like deer.

Hij rende achter hen aan door het bos en doodde hen als herten.

It became a day of fate and terror for the frightened Yeehats.

Het werd een dag van noodlot en angst voor de bange Yeehats.

They scattered across the land, fleeing far in every direction.

Ze verspreidden zich over het land en vluchtten alle kanten op.

A full week passed before the last survivors met in a valley.

Er ging een hele week voorbij voordat de laatste overlevenden elkaar in een vallei ontmoetten.

Only then did they count their losses and speak of what happened.

Pas toen telden ze hun verliezen en spraken ze over wat er gebeurd was.

Buck, after tiring of the chase, returned to the ruined camp.

Buck was moe van de achtervolging en keerde terug naar het verwoeste kamp.

He found Pete, still in his blankets, killed in the first attack.

Hij vond Pete, nog steeds onder zijn dekens, gedood bij de eerste aanval.

Signs of Thornton's last struggle were marked in the dirt nearby.

Sporen van Thorntons laatste strijd waren in het nabijgelegen stof te zien.

Buck followed every trace, sniffing each mark to a final point.

Buck volgde elk spoor en besnuffelde elk spoor tot hij een eindpunt had bereikt.

At the edge of a deep pool, he found faithful Skeet, lying still.

Aan de rand van een diepe poel vond hij de trouwe Skeet, stil liggend.

Skeet's head and front paws were in the water, unmoving in death.

Skeets hoofd en voorpoten stonden roerloos in het water, dood.

The pool was muddy and tainted with runoff from the sluice boxes.

Het bassin was modderig en vervuild met afvalwater uit de sluiskasten.

Its cloudy surface hid what lay beneath, but Buck knew the truth.

Het bewolkte oppervlak verborg wat eronder lag, maar Buck kende de waarheid.

He tracked Thornton's scent into the pool—but the scent led nowhere else.

Hij volgde Thorntons geur tot in het zwembad, maar de geur leidde nergens anders heen.

There was no scent leading out—only the silence of deep water.

Er was geen geur die naar buiten leidde, alleen de stilte van het diepe water.

All day Buck stayed near the pool, pacing the camp in grief.

Buck bleef de hele dag bij het zwembad en liep verdrietig heen en weer door het kamp.

He wandered restlessly or sat in stillness, lost in heavy thought.

Hij dwaalde rusteloos rond of zat stil, verzonken in zware gedachten.

He knew death; the ending of life; the vanishing of all motion.

Hij kende de dood, het einde van het leven, het verdwijnen van alle beweging.

He understood that John Thornton was gone, never to return.

Hij begreep dat John Thornton weg was en nooit meer terug zou komen.

The loss left an empty space in him that throbbed like hunger.

Het verlies liet een lege plek in hem achter, die klopte als honger.

But this was a hunger food could not ease, no matter how much he ate.

Maar het was een honger die hij niet kon stillen, hoeveel hij ook at.

At times, as he looked at the dead Yeehats, the pain faded.

Soms, als hij naar de dode Yeehats keek, verdween de pijn.

And then a strange pride rose inside him, fierce and complete.

En toen welde er een vreemde trots in hem op, hevig en volkomen.

He had killed man, the highest and most dangerous game of all.

Hij had de mens gedood, het hoogste en gevaarlijkste spel dat er bestaat.

He had killed in defiance of the ancient law of club and fang.

Hij had gedood in strijd met de eeuwenoude wet van knots en slagtand.

Buck sniffed their lifeless bodies, curious and thoughtful.

Buck besnuffelde hun levenloze lichamen, nieuwsgierig en nadenkend.

They had died so easily—much easier than a husky in a fight.

Ze waren zo gemakkelijk gestorven, veel gemakkelijker dan een husky in een gevecht.

Without their weapons, they had no true strength or threat.

Zonder hun wapens waren ze niet echt sterk of gevaarlijk.

Buck was never going to fear them again, unless they were armed.

Buck zou nooit meer bang voor ze zijn, tenzij ze bewapend zijn.

Only when they carried clubs, spears, or arrows he'd beware.

Alleen wanneer ze knuppels, speren of pijlen bij zich hadden, was hij op zijn hoede.

Night fell, and a full moon rose high above the tops of the trees.

De nacht viel en een volle maan verscheen hoog boven de boomtoppen.

The moon's pale light bathed the land in a soft, ghostly glow like day.

Het zwakke maanlicht hulde het land in een zacht, spookachtig schijnsel, alsof het dag was.

As the night deepened, Buck still mourned by the silent pool.

Terwijl de nacht vorderde, rouwde Buck nog steeds bij de stille poel.

Then he became aware of a different stirring in the forest.

Toen merkte hij dat er iets anders in het bos gebeurde.

The stirring was not from the Yeehats, but from something older and deeper.

De aanleiding voor deze actie was niet de Yeehats, maar iets wat ouder en dieper was.

He stood up, ears lifted, nose testing the breeze with care.

Hij stond op, met gespitste oren, en tastte voorzichtig de wind af met zijn neus.

From far away came a faint, sharp yelp that pierced the silence.

Van veraf klonk een zwakke, scherpe kreet die de stilte doorbrak.

Then a chorus of similar cries followed close behind the first.

Daarna volgde een koor met soortgelijke kreten, vlak na de eerste.

The sound drew nearer, growing louder with each passing moment.

Het geluid kwam dichterbij en werd met elk moment luider.

Buck knew this cry—it came from that other world in his memory.

Buck kende deze kreet, hij hoorde hem vanuit die andere wereld in zijn geheugen.

He walked to the center of the open space and listened closely.

Hij liep naar het midden van de open ruimte en luisterde aandachtig.

The call rang out, many-noted and more powerful than ever.

De roep klonk luid en duidelijk, krachtiger dan ooit.

And now, more than ever before, Buck was ready to answer his calling.

En nu, meer dan ooit tevoren, was Buck klaar om zijn roeping te beantwoorden.

John Thornton was dead, and no tie to man remained within him.

John Thornton was dood. Hij voelde zich niet meer verbonden met de mens.

Man and all human claims were gone—he was free at last.

De mens en alle menselijke aanspraken waren verdwenen: hij was eindelijk vrij.

The wolf pack were chasing meat like the Yeehats once had.
De roedel wolven was op jacht naar vlees, net zoals de Yeehats dat vroeger ook deden.

They had followed moose down from the timbered lands.
Ze waren de elanden vanuit het bosgebied gevolgd.

Now, wild and hungry for prey, they crossed into his valley.
Nu staken ze, wild en hongerig naar prooi, de vallei over.

Into the moonlit clearing they came, flowing like silver water.
Ze kwamen de open plek in het maanlicht binnen, stromend als zilverkleurig water.

Buck stood still in the center, motionless and waiting for them.
Buck bleef roerloos in het midden staan en wachtte op hen.

His calm, large presence stunned the pack into a brief silence.
Zijn kalme, grote aanwezigheid deed de roedel even zwijgen.

Then the boldest wolf leapt straight at him without hesitation.
Toen sprong de stoutmoedigste wolf zonder aarzelen recht op hem af.

Buck struck fast and broke the wolf's neck in a single blow.
Buck sloeg snel toe en brak met één enkele klap de nek van de wolf.

He stood motionless again as the dying wolf twisted behind him.
Hij bleef weer roerloos staan, terwijl de stervende wolf zich achter hem omdraaide.

Three more wolves attacked quickly, one after the other.
Drie andere wolven vielen snel aan, de een na de ander.

Each retreated bleeding, their throats or shoulders slashed.
Ze kwamen allemaal bloedend terug, met doorgesneden keel of schouders.

That was enough to trigger the whole pack into a wild charge.

Dat was voor de hele roedel aanleiding om in een wilde
aanval te gaan.

**They rushed in together, too eager and crowded to strike
well.**

Ze stormden gezamenlijk naar binnen, te gretig en te dicht op
elkaar om goed toe te slaan.

**Buck's speed and skill allowed him to stay ahead of the
attack.**

Dankzij Bucks snelheid en vaardigheid kon hij de aanval
voorblijven.

**He spun on his hind legs, snapping and striking in all
directions.**

Hij draaide zich om op zijn achterpoten en sloeg en sloeg in
alle richtingen.

**To the wolves, this seemed like his defense never opened or
faltered.**

Voor de wolven leek het erop dat zijn verdediging nooit
wankelde.

**He turned and slashed so quickly they could not get behind
him.**

Hij draaide zich om en sloeg zo snel toe dat ze niet achter hem
konden komen.

**Nonetheless, their numbers forced him to give ground and
fall back.**

Toch dwongen hun aantallen hem om terrein prijs te geven en
zich terug te trekken.

He moved past the pool and down into the rocky creek bed.

Hij liep langs de poel en de rotsachtige kreekbedding in.

There he came up against a steep bank of gravel and dirt.

Daar stuitte hij op een steile helling van grind en aarde.

He edged into a corner cut during the miners' old digging.

Hij belandde in een hoek die was afgesneden tijdens het oude
graafwerk van de mijnwerkers.

**Now, protected on three sides, Buck faced only the front
wolf.**

Nu, beschermd aan drie kanten, hoefde Buck alleen nog maar
de voorste wolf te trotseren.

There, he stood at bay, ready for the next wave of assault.
Daar stond hij op afstand, klaar voor de volgende aanvalsgolf.
Buck held his ground so fiercely that the wolves drew back.
Buck hield zo stand dat de wolven zich terugtrokken.
After half an hour, they were worn out and visibly defeated.
Na een half uur waren ze uitgeput en zichtbaar verslagen.
Their tongues hung out, their white fangs gleamed in moonlight.
Hun tongen hingen uit en hun witte hoektanden glinsterden in het maanlicht.
Some wolves lay down, heads raised, ears pricked toward Buck.
Sommige wolven gingen liggen, met hun hoofd omhoog en hun oren gespitst in de richting van Buck.
Others stood still, alert and watching his every move.
Anderen stonden stil, alert en hielden elke beweging van hem in de gaten.
A few wandered to the pool and lapped up cold water.
Enkelen gingen naar het zwembad en dronken wat koud water.
Then one long, lean gray wolf crept forward in a gentle way.
Toen kroop er een lange, magere grijze wolf zachtjes naar voren.
Buck recognized him—it was the wild brother from before.
Buck herkende hem: het was de wilde broer van net.
The gray wolf whined softly, and Buck replied with a whine.
De grijze wolf jankte zachtjes en Buck antwoordde met een jank.
They touched noses, quietly and without threat or fear.
Ze raakten elkaars neuzen aan, stilletjes en zonder bedreiging of angst.
Next came an older wolf, gaunt and scarred from many battles.
Daarna kwam er een oudere wolf, mager en met littekens van de vele gevechten.

Buck started to snarl, but paused and sniffed the old wolf's nose.

Buck begon te grommen, maar hield even op en besnuffelde de neus van de oude wolf.

The old one sat down, raised his nose, and howled at the moon.

De oude man ging zitten, hief zijn neus op en huilde naar de maan.

The rest of the pack sat down and joined in the long howl.

De rest van de roedel ging zitten en zong mee in het lange gehuil.

And now the call came to Buck, unmistakable and strong.

En nu bereikte Buck de roep, onmiskenbaar en krachtig.

He sat down, lifted his head, and howled with the others.

Hij ging zitten, hief zijn hoofd op en huilde met de anderen mee.

When the howling ended, Buck stepped out of his rocky shelter.

Toen het gehuil ophield, stapte Buck uit zijn rotsachtige schuilplaats.

The pack closed in around him, sniffing both kindly and warily.

De roedel sloot zich om hem heen en begon vriendelijk en voorzichtig te snuffelen.

Then the leaders gave the yelp and dashed off into the forest.

Toen gaven de leiders een gil en renden het bos in.

The other wolves followed, yelping in chorus, wild and fast in the night.

De andere wolven volgden, jankend in koor, wild en snel in de nacht.

Buck ran with them, beside his wild brother, howling as he ran.

Buck rende met hen mee, naast zijn wilde broer, en huilde terwijl hij rende.

Here, the story of Buck does well to come to its end.

Hier komt het verhaal van Buck mooi tot een einde.

In the years that followed, the Yeehats noticed strange wolves.

In de jaren die volgden, merkten de Yeehats vreemde wolven op.

Some had brown on their heads and muzzles, white on the chest.

Sommigen hadden bruin op hun kop en snuit, en wit op hun borst.

But even more, they feared a ghostly figure among the wolves.

Maar ze waren nog banger voor een spookachtige figuur onder de wolven.

They spoke in whispers of the Ghost Dog, leader of the pack.

Ze spraken fluisterend over de Geesthond, de leider van de roedel.

This Ghost Dog had more cunning than the boldest Yeehat hunter.

Deze Spookhond was sluwer dan de dapperste Yeehat-jager.

The ghost dog stole from camps in deep winter and tore their traps apart.

De spookhond stal midden in de winter uit de kampen en scheurde hun vallen kapot.

The ghost dog killed their dogs and escaped their arrows without a trace.

De spookhond doodde hun honden en ontsnapte spoorloos aan de pijlen.

Even their bravest warriors feared to face this wild spirit.

Zelfs hun dapperste krijgers waren bang om deze wilde geest onder ogen te komen.

No, the tale grows darker still, as the years pass in the wild.

Nee, het verhaal wordt nog donkerder naarmate de jaren in de wildernis verstrijken.

Some hunters vanish and never return to their distant camps.

Sommige jagers verdwijnen en keren nooit meer terug naar hun afgelegen kampen.

Others are found with their throats torn open, slain in the snow.

Anderen worden met doorgesneden keel gevonden, gedood in de sneeuw.

Around their bodies are tracks — larger than any wolf could make.

Rondom hun lichamen bevinden zich sporen, groter dan welke wolf dan ook zou kunnen maken.

Each autumn, Yeehats follow the trail of the moose.

Elk najaar volgen de Yeehats het spoor van de elanden.

But they avoid one valley with fear carved deep into their hearts.

Maar ze vermijden één vallei, met angst die diep in hun hart is gekerfd.

They say the valley is chosen by the Evil Spirit for his home.

Ze zeggen dat de vallei door de Boze Geest is uitgekozen als zijn woonplaats.

And when the tale is told, some women weep beside the fire.

En als het verhaal verteld is, zitten er vrouwen bij het vuur te huilen.

But in summer, one visitor comes to that quiet, sacred valley.

Maar in de zomer komt er een bezoeker naar die stille, heilige vallei.

The Yeehats do not know of him, nor could they understand.

De Yeehats wisten niets van zijn bestaan en konden het ook niet begrijpen.

The wolf is a great one, coated in glory, like no other of his kind.

De wolf is een geweldig dier, bedekt met glorie, zoals geen ander in zijn soort.

He alone crosses from green timber and enters the forest glade.

Hij alleen steekt het groene bos over en betreedt de open plek in het bos.

There, golden dust from moose-hide sacks seeps into the soil.

Daar sijpelt het gouden stof van elandenhuidzakken in de grond.

Grass and old leaves have hidden the yellow from the sun.

Gras en oude bladeren verbergen het geel voor de zon.

Here, the wolf stands in silence, thinking and remembering.

Hier staat de wolf in stilte, nadenkend en herinnerend.

He howls once—long and mournful—before he turns to go.

Hij huilt één keer – lang en treurig – voordat hij zich omdraait om weg te gaan.

Yet he is not always alone in the land of cold and snow.

Toch is hij niet altijd alleen in het land van kou en sneeuw.

When long winter nights descend on the lower valleys.

Wanneer lange winternachten over de lager gelegen valleien neerdalen.

When the wolves follow game through moonlight and frost.

Als de wolven het wild volgen in het maanlicht en bij vorst.

Then he runs at the head of the pack, leaping high and wild.

Dan rent hij voorop en springt hoog en wild.

His shape towers over the others, his throat alive with song.

Zijn gestalte torent boven de anderen uit, zijn keel klinkt van gezang.

It is the song of the younger world, the voice of the pack.

Het is het lied van de jongere wereld, de stem van de roedel.

He sings as he runs—strong, free, and forever wild.

Hij zingt terwijl hij rent: sterk, vrij en altijd wild.